KODOKURYOKU NO ARU MAMA GA KODOMO WO NOBASU
Copyright © 2003 by Nobuyuki Takenaga
All rights reserved.

No part of this book may be used or reproduced in any manner whatsoever without written permission except in the case of brief quotations embodied in critical articles and reviews.

Originally published in Japan in 2003 by SHUFUNOTOMO CO., LTD.
Korean Translation Copyright © 2012 by Dasanbooks Co., Ltd.
Korean edition is published by arrangement with SHUFUNOTOMO CO., LTD. through BC Agency.

이 책의 한국어 판 저작권은 BC 에이전시를 통한 저작권자와의 독점 계약으로 다산북스에 있습니다.
저작권 법에 의해 한국 내에서 보호를 받는 저작물이므로 무단전재와 복제를 금합니다.

고독한 엄마가
아이를 잘 키운다

| 옆집 엄마에게 휘둘리지 않는 소신육아법 |

고독한 엄마가 아이를 잘 키운다

다케나가 노부유키 지음 · 김경은 옮김

머리말

'난 왜 친구가 없을까?'
'내 이야기를 들어줄 사람, 어디 없나?'
'사람들이 나를 무시하는 것 같아.'
 이런 생각을 하고 있다면 여러분은 분명 외로움으로 고민하고 있는 것입니다.
 여러분은 텔레비전도 보지 않고 전화 통화도 하지 않고 인터넷도 하지 않으면서 어느 정도의 시간을 보낼 수 있습니까?
 아무것도 하지 않고 혼자 있으면 대부분 텔레비전을 끼고 시간을 보내거나 휴대폰을 붙잡고 수다를 떨지 않습니까? 그러다 어떤 형태로든 사람들과 떨어져 있으면 불안하고 고독하다고 느끼지 않습니까?
 하지만 혼자 있다고 해서 불안해하고 고민할 필요가 있을까요? 고독이 그렇게 나쁜 것일까요?
 그렇지 않습니다. 알고 보면 고독은 우리에게 매우 중요합니다. 앞으로 이에 대해서 차차 이야기할 것입니다.

제1장에서는 아이를 키우는 엄마들이 커뮤니케이션 때문에 고민하는 모습을 소개하고 그 원인에 대해 생각합니다. 제2장에서는 그 고민을 해결하는 데 필요한 힘, 즉 고독에 대해 소개합니다.

제3장에서는 우리 각자에게 얼마나 고독의 힘이 있는지 점검하고 이를 기르는 데 필요한 '혼자만의 시간'을 일상생활 속에서 어떻게 만들어낼지에 대해 설명합니다. 제4장에서는 고독의 힘을 기르기 위한 간단한 방법들을 소개합니다. 제5장에서는 육아에 있어 엄마와 아이에게 고독이 왜 중요한 지 이야기합니다.

그리고 마지막에 엄마들이 평소 아이를 기를 때 궁금해하는 점과 아이를 키울 때 도움이 되는 Q&A를 소개합니다. 엄마들이 자주 묻는 내용에 대해 고독의 힘과 관련하여 답변해보았습니다. 그러므로 당장 육아에 대한 팁이 필요한 경우라면, Q&A 파트를 먼저 읽어도 됩니다. 이 부분에서도 여러분이 얼마나 고독을 갖추고 있는지 판단할 수 있습니다.

이 책을 읽은 독자분들이 고독의 힘에 대해 제대로 이해한 후 혼자만의 시간을 잘 보내서 자신의 인생을 즐기고 아이도 잘 키울 수 있기를 간절히 바랍니다.

다케나가 노부유키

차 례

머리말

Part 1 원치 않는 커뮤니케이션에 휘둘리는 엄마들

무거운 짐을 지고 있는 엄마 • 13
사람과 사람 사이, 커뮤니케이션 | 놀이터 데뷔의 부담감
어긋난 커뮤니케이션이 불러온 끔찍한 사건

마음처럼 되지 않는 커뮤니케이션 • 20
곳곳에 숨어있는 고민들

엄마들이 고민에 빠지는 이유 • 24
이유 속의 원인을 찾자 | 위로받고 싶은 사람들의 마음
자신감이 없으면 의존하게 된다 | 의존은 자신과 타인을 구속한다
커뮤니케이션 결핍도 문제 | 균형 잡힌 커뮤니케이션을 위해

Part 2 현명한 엄마라면 고독의 힘을 믿어라

모두 오해하고 있는 고독 • 37
고독은 나쁜 것인가? | 고독과 커뮤니케이션은 함께 한다
자립심을 길러주는 고독의 힘

고독력을 잃은 엄마들 • 43
많은 정보는 불안감을 안겨준다 | 꼭 모임에 나가야 할까?
과잉 커뮤니케이션 사회

나도 과잉 커뮤니케이션에 빠진 걸까? • 50
눈치 보는 엄마 | 정보 수집에 집착하는 엄마
모임에서 벗어나지 못하는 엄마 | 싫은 소리를 못하는 엄마
휴대전화를 놓지 않는 엄마

과잉 커뮤니케이션에서 벗어나기 • 54
과잉 커뮤니케이션은 이제 그만 | '착한 사람 콤플렉스'에서 벗어나자

혼자 있는 건 나쁜 게 아니다 • 58
'우리'를 강요하는 사회 | 혼자는 불안하다? | 혼자만의 즐거움

누구에게나 고독력은 있다 • 63
고독력=자립심 | 잘못된 육아와 빼앗긴 고독력

고독력으로 즐거워지는 커뮤니케이션 • 67
고독력은 긍정의 힘이다 | 좋은 인간관계를 위한 비결

남편들이여, 아내의 고독력을 지원하라 • 72
아내의 목소리에 귀 기울이자 | 혼자만의 시간을 선물하라

하루 30분, 고독한 엄마의 시간

고독력 점수 점검하기 • 79
나의 고독력 점수는 몇 점?

시간 포트폴리오 만들기 • 82
시간을 찾아주는 '시간 포트폴리오' | 머리를 쓰면 없던 시간도 생긴다
시간 포트폴리오 만드는 법

시간 포트폴리오 사용설명서 • 91
시간 활용도를 높이자

엄마도 고독할 권리가 있다

고독력을 기르는 열두 가지 방법 • 97
혼자만의 시간으로 나를 되찾자 | 하나•텔레비전 리모컨 치우기
둘•하루 10분, 아무 것도 하지 않기 | 셋•시계 없는 하루 보내기
넷•내 몸에게 감사와 위로 표현하기 | 다섯•지친 오감 쉬게 하기
여섯•자연 속에서 여유 배우기 | 일곱•실컷 웃고 울기 | 여덟•내키지 않
는 일은 먼저 피하기 | 아홉•착한 사람에서 벗어나기 | 열•자신의 역할에
서 떠나버리기 | 열하나•싫어하는 사람과 상대하기 말기
열둘•내 기분에 솔직해지기

당당하고 멋진 나를 위해 • 116
지금 당장 실천에 옮겨라

Part 5 소중한 아이에게 엄마의 고독력을 물려줘라

엄마와 아이의 커뮤니케이션 • 121
고독력을 잃어버린 부모들 | 고독력 없는 엄마가 아이의 고독력을 빼앗는다 | 아이들은 고독력을 타고난다

아이의 성장과 커뮤니케이션 • 127

고독력 있는 아이, 고독력 없는 아이 • 131
고독력 있는 아이란? | 고독력 없는 아이는 잘 놀지도 못한다
고독력 있는 아이와 없는 아이

엄마가 아이의 고독력을 빼앗는다? • 138
틀에 박힌 육아 방식 | 뭐든 도와주는 엄마
아이의 이야기를 듣지 않는 엄마 | 아이의 교우 관계에 참견하는 엄마 | 다른 아이와 비교하는 엄마

아이에게 고독력을 물려줘라 • 144
아이의 자존감을 키우는 엄마의 고독력 | 부모는 아이의 거울

아빠의 역할과 아이의 고독력 • 148
아빠는 무엇을 해야 할까? | 아빠의 육아 방식

고독력은 미래를 살아갈 힘이다 • 152

고독력으로 풀어보는 육아 Q&A
맺음말

Part 1
원치 않는 커뮤니케이션에 휘둘리는 엄마들

무거운 짐을 지고 있는 엄마

사람과 사람 사이, 커뮤니케이션

여러분은 매일 얼마나 많은 사람을 만나고 있나요? 우리 아이들과 남편, 친구, 이웃 사람들, 직장 동료, 또 장을 보러 간 가게의 직원도 있겠지요. 잠시만 생각해보아도 우리는 하루 동안 상당히 많은 사람을 만나고 있다는 것을 알아챌 수 있습니다. 물론 아이를 키우느라 바빠서 사람 만날 일이 없다고 푸념하는 엄마들도 있습니다. 그러나 그런 엄마들도 사실 아무도 만나지 않고 혼자 사는 것은 아니지요. 모두 언제, 어디에서, 어떻게든 사람들과 만나 서로 관계를 쌓고 있습니다.

'인간은 사회적 동물'이라는 말이 있습니다. 인간은 결국 사람들과 떨어져 살아가기 어렵다는 것이지요. 우리는 사람과 사람 간의 관계, 즉 커뮤니케이션을 통해 이전까지 알지 못했던 많은 것들을 배우며 성장합니다. 그래서 지금까지 커뮤니케이션은 돈독한 우정이나 가족애, 사회성처럼 우리를 따뜻하게 감싸주는 긍정적인 수단으로 여겨졌습니다.

하지만 요즘에는 이 커뮤니케이션 때문에 부담을 느끼고 어려워하는 사람들이 많아졌습니다. 특히 아이를 키우는 엄마들이 더 그렇게 느낀다고 합니다. 엄마들이 커뮤니케이션에 얼마나 부담을 느끼는지 가까운 예를 한 번 들어볼까요?

놀이터 데뷔의 부담감

여러분은 '놀이터 데뷔'라는 말을 들어본 적이 있습니까? 놀이터 데뷔는 말 그대로 엄마가 처음으로 아이를 데리고 근처 놀이터에 가서 노는 것을 말합니다. 하지만 언제부터인지 엄마들은 유치원이나 초등학교 입학 이상으로 놀이터 데뷔에 관해 많은 고민을 하고 있습니다.

사회가 점점 핵가족 중심으로 변하다보니 엄마들은 고민 상담을 하거나 도움을 주고받을 상대를 찾기가 어렵습니다. 그렇기 때문에 자신의 고민을 들어주거나 조언을 해 주고, 때로는 육아에 대한 정보를 공유할 이웃 엄마들과의 교류가 중요한 것이지요. 하지만 이렇게 이웃 엄마들과 만날 기회조차 잡기 어려운 것이 현실입니다. 그래서 놀이터 데뷔를 중요하게 생각하고 더욱 공을 들이는 것입니다.

놀이터는 그 주변에 사는 비슷한 또래의 아이들이 모이는 곳입니다. 주변에 살고 있다는 것은 생활 환경이나 수준이 비슷하고 다양한 정보를 공유할 수 있다는 것을 뜻하기도 하지요. 아이들을 통해 자연스럽게 엄마들의 모임이 형성되고, 아이가 어느 정도 자랄 때까지 그 교류가 이어지는 것입니다. 초보 엄마에게 놀이터 데뷔란 이미 만들어진 모임에 아이와 엄마가 들어갈 수 있을지 결정되는 절차입니다.

'우리 아이가 다른 아이들과 잘 어울릴 수 있을까?'

'나도 다른 엄마들과 친해져서 그 모임에 들어갈 수 있을까?'

이렇게 엄마들은 남편이 상상하기 어려울 정도로 많은 부담을 느끼게 됩니다. 아이 키우는 것만으로도 힘든데 다른 엄마들과 친해지려고 노력해야 하는 엄마들이 큰 부담을 느끼는 것도 어찌 보면 당연한 일입니다.

하지만 아이를 놀이터에 데리고 가는데 아이의 옷차림뿐 아니라 자신의 외모까지 신경 쓰는 아내의 모습을 대부분의 남편들은 이해하지 못합니다. '겨우 놀이터에 가는 건데 왜 저렇게 난리를 치면서 화장까지 하는 거야?'라고 생각하는 남편들도 많지요. 그래서 아내가 "나 어때? 괜찮아? 아이에겐 무슨 옷을 입힐까?"라고 걱정스레 물어도 남편은 리모컨을 들고 텔레비전 채널을 돌리면서 건성으로 "아무거나 입어. 뭐 그런 쓸데없는 걱정을 하고 그래."라고 대답해 아내의 화를 돋우기도 합니다.

어긋난 커뮤니케이션이 불러온 끔찍한 사건

"선생님, 저는 다른 엄마들을 상대하는 게 너무 힘들어요. 대화에 끼지 못하면 어쩌나, 날 싫어하게 되면 어쩌나 하는 생각에 부담스럽기도 하고요."

얼마 전, 어떤 엄마로부터 이런 상담을 받았을 때 예전에 있었던 한 사건이 떠올랐습니다. 1999년 11월 22일, 도쿄 도 분쿄 구 오토와에 있는 유치원에서 일어난 살인 사건이었습니다.

오토와 여아 살해 사건

H양(당시 두 살)은 엄마와 함께 다섯 살인 오빠를 데리러 유치원에 왔다. 그런데 엄마가 다른 엄마들과 이야기하고 있는 사이에 H양이 갑자기 사라져 버렸다. 경찰은 이를 유괴 사건으로 보고 수사를 시작했다. 사흘 후, 같은 유치원 아이의 엄마인 Y가 남편 손에 이끌려 와 자수를 했다. 그리고 Y의 진술에 따라 찾아간 시즈오카에 있는 Y의 친정집 마당에서 H양의 시신이 발견되었다. 주위 사람들은 Y가 피해자의 엄마와 사이가 좋은 줄 알았다고 말했다. 그러나 Y는 내성적인 성격 탓에 인간관계에 많은 스트레스를 받는 타입이었다. 똑같이 다섯 살 남자아이와 두 살 여자아이를 키우고 있는 H양의 엄마와 어쩔 수 없이 친하게 지냈지만 내심 스트레스가 쌓였던 것이다. 남편에게 그런 속마음을 이야기해도 대수롭지 않게 여기고 넘어가는 일이 반복됐다. 결국, Y는 H양을 죽이면 그 엄마와 더 이상 만나지 않아도 된다는 극단적인 생각을 하기에 이르렀고, 이에 H양을 유치원 화장실에서 살해한 것이다.

이 사건은 피해자가 겨우 두 살짜리 여자아이였고 범인이 같은 유치원에 다니던 아이의 엄마였다는 점 때문에 각종 언론에서 크게 다루어졌습니다.

처음에 사람들은 사건의 무대가 된 유치원이 명문 유치원이어서, 입시를 둘러싼 문제와 갈등이 원인일 것이라고 짐작했습니다. 하지만 조사가 진행되면서 점차 그 외의 여러 가지 상황이 밝혀지자, 텔레비전이나 신문으로 사건의 경위를 알게 된 사람들은 모두 경악을 금치 못했습니다.

Y는 같은 또래의 아이를 가진 엄마들과의 커뮤니케이션과 남편과의 관계 때문에 고민이 많았습니다. 다른 엄마들이 스쳐 지나가듯 건네는 사소한 말이나 태도에 큰 상처를 받았고, 자신에 대한 남편의 일관적인 무관심에도 무척 힘들어하며 혼자 속으로만 끙끙 앓아야 했습니다.

이 사건을 접한 많은 엄마들은 자신의 딸과 동갑인 어린아이를 살해한 Y를 비난했지만, 한편으로는 그 심정에 깊은 공감을 표하기도 했습니다. 어쩌면 엄마들은 Y의 속사정을 듣고 마음속 깊은 곳에 숨겨져 있었던 자신의 마음을 발견했을지도 모릅니다. 아마 '그래, 맞아. 나도 너무 괴로워. 아이를 기르는 것만 해도 충분히 힘든데 이런 커뮤니케이션까지 억지로 해야만 하다니! 나도 이 지긋지긋한 관계에서 벗어나고 싶어.'라는 내면의 외침이 아니었을까 생각합니다.

이 사건은 극단적인 예이지만 한편으로는 많은 엄마들이 커뮤니케이션 때문에 지금 어떤 상황에 부닥쳐있는지 실제로 잘 나타낸 것이기도 합니다.

　엄마들은 '인간관계 때문에 힘든데 누군가에게(특히 남편에게는 더더욱) 말하지도 못하고 스트레스만 쌓여간다. 어떻게든 이런 상황이 끝났으면 좋겠다.'고 생각합니다. 이는 이 사건의 가해자였던 Y뿐 아니라 많은 엄마들이 갖고 있는 솔직한 심정일 것입니다. 엄마들이 이 사건에 민감하게 반응할 수밖에 없었던 이유도 그 때문이겠지요.

마음처럼 되지 않는 커뮤니케이션

곳곳에 숨어있는 고민들

앞서 이야기한 사건은 엄마들이 처한 상황이 얼마나 심각한지 보여주는 일례입니다. 하지만 그 사건만큼 심각하지는 않더라도 많은 엄마들이 평소에 인간관계 때문에 스트레스를 받고 있습니다. 예를 들자면 남편, 시부모나 친척, 이웃 사람들, 다른 엄마들, 직장 동료, 유치원이나 어린이집, 초등학교 선생님과의 커뮤니케이션이 있겠지요.

이 세상을 살아가는 데 있어 사람과의 관계가 완전히 사라질 수는 없으며, 그렇기 때문에 이에 따른 고민이 있는 것도 당연합니다. 그러나 무신경한 남편들이 가정에서 생기는 커뮤니케이션 때문에 별로 고민하지 않는 데 비해 세심한 아내들은 여러 상황에서 갈등을 겪고 있습니다. 구체적인 상황을 조목조목 짚어가며 알아볼까요?

남편과의 커뮤니케이션

남편은 일이 바빠서 아이에 관한 문제를 들어줄 여유가 없어요. 아이들도 일찍 자야 하고 남편이 퇴근해서 집에 올 무렵에는 저도 잠들 시간이라 얼굴을 맞대고 이야기할 기회가 그리 많지 않지요. 주말에 대화를 나누려 해도 피곤하다며 귀찮아하거나 무심하게 한 귀로 듣고 한 귀로 흘려버리고는 합니다. 요즘 유치원 행사나 다른 엄마들과의 관계로 신경 써야 할 일들이 많아요. 남편이 집안일이나 아이 돌보는 일을 조금이라도 도와주면 한결 편해질 것 같아요.

시어머니와의 커뮤니케이션

시어머니는 우리 부부의 생활이나 육아에 너무 참견하세요. 저도 할 말이 없는 것은 아니지만, 주위 사람들 눈도 있고 하니 괜히 따져서 큰일을 만들고 싶진 않아 참는 편입니다. 그렇게 스트레스가 쌓이기 시작하니 남편까지 미워 보여요. 최근에는 남편과의 관계도 서먹해졌죠. 좋은 방법이 없을까요?

이웃 엄마들과의 커뮤니케이션
근처에 사는 엄마들이 가끔 집에 놀러 와요. 엄마들은 제가 차를 준비하는 사이 방을 구석구석 살피고, 이러쿵저러쿵 말을 늘어놓기 시작합니다. 주로 집의 가구나 가전제품부터 고향이나 남편의 회사, 아이까지 비교하며 자기 자랑을 하지요. 솔직히 오지 않았으면 하는 마음이 굴뚝같은데, 그런 말을 꺼냈다가는 나중에 무슨 뒷이야기를 들을까 봐 걱정돼요. 정말 이사라도 가고 싶은 심정입니다.

어린이집이나 유치원, 초등학교에서의 커뮤니케이션
아이가 수업 시간에 선생님에게 지적받은 일을 매번 전화해서 알려주는 엄마가 있어요. 가끔 좋은 일도 아닌데 일부러 알려 주는 그 엄마가 너무 얄미워요. 또 선생님이나 다른 엄마들의 험담을 하기도 해요. 정말 듣기 싫지만, 엄마들의 모임에서 상당한 파워가 있는 사람이라 한마디 했다가 몇 배로 돌아올 것 같아서 전화를 끊질 못하겠어요.

지금까지 언급한 이야기들은 육아 잡지에도 자주 등장하는 이야기들로, 극히 일부에 지나지 않습니다. 이 외에도 엄마들이 처한 상황이나 생각이 각자 다르니 엄마들의 고민거리는 세상의 모든 엄마들의 수만큼이나 많을 것입니다.

하지만 이런 고민을 묵혀두고 있으면 점점 스트레스만 더해갈 뿐, 아무것도 바뀌지 않습니다. 이제부터는 더 적극적인 문제 해결을 위해서 엄마들이 왜 그렇게 커뮤니케이션에 대해 부담을 느끼고 있는지, 그 원인을 집중적으로 살펴보도록 하겠습니다.

엄마들이 고민에 빠지는 이유

이유 속의 원인을 찾자

엄마들이 고민하는 이유는 사람마다 각각 다를 것입니다. 지금 어떤 환경에 처해있는지, 평소 어떤 인간관계를 이상적으로 생각하는지 등 구체적인 상황은 각자 다르기 때문에 일일이 그 이유를 논하기는 어렵습니다. 그래서 지금부터 그 수많은 이유의 원인을 알아보려 합니다.

이유와 원인은 어떻게 다를까요? 엄마들이 커뮤니케이션을 힘들어 하는 개별적인 상황이 이유라면, 이 이유가 생기게 하는 것을 원인이라고 할 수 있습니다.

그렇다고 개개인의 구체적인 이유가 중요하지 않다는 뜻은 아닙니다. 그것은 그 나름대로 중요합니다. 하지만 구체적인 상황에서 벗어나 왜 그런 일이 벌어졌는지, 왜 고민하고 있는지, 무엇 때문에 그런 고민이 생겼는지 곰곰이 생각해 볼 필요가 있습니다. 나중에 다시 이야기하겠지만, 그 원인을 찾는 것은 매우 중요합니다. 근본적인 원인을 알면 어떤 상황에도 지혜롭게 대처할 수 있기 때문이지요.

위로받고 싶은 사람들의 마음

최근 서점에 가면 '~하면 ~할 수 있다.', '당신은 ~한 사람이다.'라는 메시지를 품은 자기계발서를 많이 볼 수 있습니다. 그 내용도 연애부터 육아, 비즈니스에 이르기까지 다양하지요.

이런 자기계발서는 오랫동안 베스트셀러에 머무르며 많은 사람에게 사랑받고 있습니다. 독자층도 20대에서 40대에 걸쳐 폭넓게 분포되어 있고, 학생이나 직장 여성, 주부, 회사원 등 많은 사람들이 자기계발서를 읽으며 자신을 되돌아보고 새로운 의지를 다지곤 합니다.

예전에도 자신의 인생을 생각해볼 수 있는 책은 많았습니다. 주로 인생의 여러 가지 고민을 간접적으로 보여주는 인생론이나 문학, 철학에 관한 책이었지요. 하지만 요즘 나온 책을 보면 대부분 독자에게 '자신감을 가져라!', '당신이라면 할 수 있다!', '~한 사람이 성공한다!'라는 메시지를 직접적으로 전하려고 합니다. 이것이 자기계발서의 큰 특징이겠지요.

이런 책들이 인기를 끌고 있는 것을 보면 사람들이 지금 어떤 상황에 부닥쳐있는지 금방 알 수 있습니다. 바로 자신의 삶에 대한 자신감을 잃고 누군가에게 따뜻한 위로를 받고 싶어 한다는 것이지요. 그리고 이를 통해 '그래, 나도 할 수 있어!'라는 용기를 얻고자 합니다.

이렇게 자신감이 결여된 우리의 모습이 바로 커뮤니케이션으로 인한 고민을 만드는 가장 큰 원인이라고 할 수 있습니다.

자신감이 없으면 의존하게 된다

스스로 자신감이 없는 사람은 어떤 사람일까요? 이런 사람들이 대체로 어떤 성향을 지니고 있는지에 관한 리스트를 작성해 보았습니다. 더 많은 사례가 있겠지만, 자신감이 결여된 사람들은 보통 다음과 같은 공통적인 특징이 있습니다.

자기 자신과의 관계
- 간단한 일도 쉽게 결정하지 못하고 우유부단하다.
- 자기주장을 내세우지 않는다.
- 모든 일을 부정적으로 바라본다.
- 항상 불안하다.
- 자신을 스스로 피해자라고 생각한다.
- 자기 자신을 탓한다.
- 자기 자신을 싫어한다.
- 다른 사람뿐 아니라 자기 자신도 믿지 못한다.

다른 사람과의 관계
- 상대를 의식하여 자신의 의견을 말하지 못한다.
- 남의 말과 행동에 지나치게 신경을 쓴다.
- 다른 사람의 부탁을 거절하지 못한다.
- 난처한 상황에서도 꾹 참는다.
- 팔방미인이 되고자 한다.

- 자신은 다른 사람을 위한 도구라고 생각한다.
- 무슨 일이든 강요당한다고 느낀다.
- 항상 남에게 이용당한다고 여긴다.
- 다른 사람의 선의를 그대로 받아들이지 못한다.
- 모든 일을 남의 탓으로 돌린다.

어떻습니까? 여러분에게 해당되는 점이 있나요? 혹시 리스트를 보면서 모두 자신의 이야기인 것만 같아 깜짝 놀랐다 하더라도 너무 심각하게 받아들일 필요는 없습니다.

대신 자신감이 없는 사람, 자기 자신을 긍정하지 못하는 사람은 스스로 피해자라고 생각하는 경향이 있으며, 피해자에서 벗어나기 위해 필요 이상으로 남의 눈치를 보게 된다는 사실을 아는 것이 더 중요합니다.

요즘 우리 사회를 보면 어린아이부터 성인에 이르기까지 자기 자신을 사랑하지 않는 사람이 너무 많다는 생각이 듭니다. 이런 사람들은 자신에게 애정이 없고 자신감도 없기 때문에 자신의 의견을 말하지도, 생각하는 대로 행동하지도 못합니다. 그래서 더욱 다른 사람들과 무리를 이루고 그 속에 자신을 숨기고자 하는 것입니다. 심지어 자기 자신과 단체를 동일시하여 엇나간 행동을 일삼기도 하지요.

또 사회적인 권위나 지위, 평판을 매우 중요하게 생각하여 이를 내세워 자신을 방어하려고 합니다. 하지만 마음속에는 오히려 권위가 흐트러지면 안 된다는 불안이 가득하여 여유가 사라져버립니다.

이런 마음을 통틀어 '의존'이라고 합니다. 즉, 스스로에게 자신감이 없어 단체나 타인의 평가에 의존하여 자기 자신을 지키려고 하는 것입니다.

의존은 자신과 타인을 구속한다

의존하는 것은 결코 좋지 못한 일입니다. 마음의 병이라 해도 과언이 아니지요. 우리 주변에서 한 번쯤 들었을 법한 예를 하나 들어보겠습니다.

"매번 주먹을 휘두르는 남편 때문에 괴로워하던 여자가 있었습니다. 힘든 상황을 더 이상 견딜 수가 없어 간신히 이혼했지만, 얼마 전 그녀가 또 전 남편과 비슷한 성향의 폭력적인 남자와 살게 되었다는 소식을 전해 들었습니다."

이런 이야기를 들으면 대부분의 사람은 '간신히 폭력에서 벗어났는데 또 어리석은 선택을 하다니! 그렇게 당하고 질리지도 않나?'라고 생각합니다. 하지만 정작 당사자는 그런 자신의 모습을 깨닫지 못합니다. 왜 이런 일을 반복하게 되는 걸까요? 그녀의 삶을 망가뜨린 것이 바로 '의존'입니다.

그녀는 스스로의 자신감을 유지하기 위한 수단으로 폭력적인 남편을 만나 의존 상대로 삼는 것입니다. 그녀는 폭력이라는 고통스러운 상황을 견뎌내면서 스스로 대견스러워하고, '나처럼 강한 사람은 세상에 또 없을 거야.'라는 자신감으로 하루하루를 버텨냅니다. 오히려 남편이 아내가 자신감을 유지할 수 있도록 구속받고 있는 셈이지요.

조금 특별한 예일 수도 있지만, 이 이야기를 통해 스스로에게 자신감을 갖지 못하는 사람은 남에게 지나치게 의존하고 심지어 자신과 상대를 곤경에 빠뜨리면서까지 텅 빈 내면을 채워나가려 한다는 사실을 알 수 있습니다. 사람들과의 커뮤니케이션 때문에 고민하는 사람들의 마음속에서도 조금씩 이런 과정이 일어나고 있을 것입니다.

커뮤니케이션 결핍도 문제

자신감 부족으로 과도한 커뮤니케이션을 하는 사람이 있는 반면에, 꼭 필요한 커뮤니케이션조차 거부하고 회피하는 사람도 있습니다.

유치원이나 초등학교에서 만난 엄마들의 모임에 대해 불만이 쌓여도 '괜히 의견을 말했다가 귀찮아지는 건 곤란하지. 가만히 지켜보는 게 차라리 낫겠어.'라고 생각하는 사람이 이런 타입입니다. 이 외에도 여러 사람의 의견에 무조건 동조하면서 상황이 끝나기만을 기다리는 사람이 있는데, 이런 행동도 자신감이 없어서 생긴 결과라고 할 수 있습니다. 이런 사람은 '방관자' 유형입니다. 방관자는 쓸데없는 커뮤니케이션을 하지 않으면 자신이 상처받는 일도 없다고 생각하는 경우가 많지요.

또 극단적인 예이지만 남들과의 커뮤니케이션을 전혀 하지 않는 사람도 있습니다. 최근 사회적 문제로 떠오르고 있는 '은둔형 외톨이'가 바로 이런 사람입니다. 이는 스스로에게 자신감이 없고 자기 자신을 긍정하지 못하기 때문에 커뮤니케이션을 차단하는 것입니다.

균형 잡힌 커뮤니케이션을 위해

지금까지 엄마들이 안고 있는 커뮤니케이션의 고민에 대해 몇 가지 예를 소개하면서 이야기했습니다.

여기서 알 수 있는 점은 타인과의 커뮤니케이션 때문에 고민하는 사람들은 대부분 스스로에게 자신감이 없고 자기 자신을 긍정하지 못한다는 것입니다.

자기 자신에 대한 애정이 없으면 남에게 의존하게 되고, 이로 인해 과도한 커뮤니케이션을 하게 됩니다. 하지만 복잡하게 얽히고 설킨 인간관계가 끝내 감정적인 트러블을 일으키고, 그것이 다시 커뮤니케이션에 대한 고민이 되고 스트레스를 부르는 악순환을 낳게 되지요.

한편, 자신감이 없다는 이유로 남들과 커뮤니케이션을 하지 않으려는 사람도 있습니다. 이런 사람은 인간관계 속에서 상처받는 것을 두려워한 나머지 사람들을 무서워하고 멀리합니다. 하지만 그런 식으로는 아무것도 해결되지 않습니다. 자기 자신에게 더욱 자신감을 잃고 스스로를 부정해 버릴 뿐이지요. 이렇게 외톨이가 된 사람이 사회에 속하지 못한 자신에 대한 분노와 주변 사람들에 대한 원망만 키워나간다면, 다시 사회 속으로 돌아갈 수 있는 기회를 영영 놓쳐버리게 될지도 모릅니다.

  당연한 말이지만, 어떤 일이든 넘치지 않되 모자라지 않는 상태를 유지하는 것은 상당히 힘듭니다. 특히 감정에 따라 좌우되는 사람 간의 커뮤니케이션은 균형을 잡으며 능숙하게 조절해나가야 하므로 더욱 어렵게 느껴집니다.

  그럼 어떻게 하면 바르게 균형 잡힌 커뮤니케이션을 할 수 있을까요? 과연 그런 방법이 있을까요?

  물론 있습니다. 여러분께 알려드릴 가장 중요한 해결책은 바로 '고독'입니다.

Part 2

현명한 엄마라면
고독의 힘을
믿어라

모두 오해하고 있는 고독

고독은 나쁜 것인가?

갑자기 '고독'이라는 말이 나오니, 약간 어리둥절하실지도 모르겠습니다. '고독이라니, 그건 커뮤니케이션과 반대되는 말이잖아?'라고 생각하는 분도 있을 것입니다. 그건 여러분이 지금까지 고독을 잘못 이해하고 있기 때문입니다.

'고독'이라는 단어를 보면 어떤 생각이 떠오르나요?

혼자 있는 방, 이야기 상대가 없는 하루하루, 의지할 사람이 없는 인생, 아무도 나를 알아주지 않고 버려진 느낌, 두려움…….

보통은 이런 생각들을 하겠지요.

텔레비전이나 신문 등의 매스컴에서도 '고독한 독신 생활', '의지할 곳 없는 고독한 인생', '고독한 독거노인의 죽음' 등 사건을 보도할 때 고독이라는 말을 사용하는 경우가 많습니다. 그래서 고독에는 항상 '불쌍하다', '가엾다', '슬프다' 같은 부정적인 이미지가 따라다니지요.

이렇게 보면 고독은 인간관계에 도움이 되기는커녕 커뮤니케이션과 거리가 먼 불쌍한 상태라고 할 수 있습니다. 이 때문에 대부분의 사람들은 고독이라는 말에 별로 좋지 않은 인상을 느끼고 있습니다. 사정이 이렇다 보니 고독을 피하려 하고, 고독한 시간을 못견뎌 하는 것도 당연하게 여겨집니다.

하지만 정말 고독이 나쁜 것일까요?

고독과 커뮤니케이션은 함께 한다

예전에 한 어린이집 선생님에게서 이런 이야기를 들었습니다.
"혼자 노는 자기 아이를 보면 괜히 걱정하고 친구들 사이로 떠미는 엄마가 있어요. 그런 엄마들은 아이들이 혼자 노는 시간이 얼마나 중요한지 꼭 알았으면 좋겠어요. 혼자 논다는 건 아이가 성장하기 위해서 꼭 필요한 단계거든요.

저는 아이가 혼자 벽을 보며 장난감을 갖고 놀기 시작하면 '아, 이 아이는 벌써 스스로 자라고 있구나!'하고 생각한답니다.

하지만 아이를 위한다는 명목으로 항상 오냐오냐하고, 아이의 일에 참견하는 가정도 있어요. 혼자 놀고 있을 때 옆에 가서 말을 건다든가, 다른 장난감을 갖고 놀도록 유도하는 식으로요. 가족 모두가 나서서 아이가 성장할 기회를 빼앗는 셈이지요.

어릴 때 혼자 놀지 못하는 아이는 더 자란 후에도 친구들과 잘 어울리지 못해요. 한 가지 일에 집중하는 힘이 부족해서 쉽게 싫증을 내니까 친구들과 함께 놀지도 못하고, 결국 어느 그룹에도 들어가지 못하지요. 아이가 친구들과 잘 놀기 위해서는 반드시 혼자 놀아 본 경험이 있어야 합니다."

이 말을 듣고 저는 우리가 커뮤니케이션 때문에 고민하던 문제를 단번에 해결할 열쇠를 찾았다고 생각했습니다.

아이는 혼자 노는 동안 시행착오를 거듭합니다. 아직 자신의 능력만으로 할 수 없는 일이 너무 많기 때문에 가끔 짜증을 내기도 하지요. 하지만 이 과정을 통해 자신이 할 수 있는 일을 하나하나 알아가고, 한 가지 일에 집중하는 힘도 기르게 됩니다. 그렇게 새로운 경험을 쌓고 자신의 한계에 도전하면서 '나는 할 수 있다!'라는 자신감을 형성합니다. 이런 자신감이 밑바탕이 되어야 친구들과 어울릴 때도 감정 교류에 겁먹지 않고 서로를 인정하고 이해할 수 있게 됩니다.

혼자 놀아본 경험이 없는 아이들은 집중력이 떨어져 한 가지 일에 열중할 수 없습니다. 이런 아이들은 금방 놀이에 싫증을 내고, 모든 친구들에게 주목과 관심을 받고 싶다는 생각에 괜히 이런저런 장난을 겁니다. 당연히 다른 친구들은 아이를 멀리하게 되고 아이는 여러 그룹을 전전하며 같은 행동을 반복합니다. 이렇게 해서는 친구들과 좋은 교우 관계를 맺을 수 없습니다.

아이들이 커뮤니케이션을 형성하고 유지하는 힘은 아이들 개개인의 집중력과 자신감입니다. 그리고 그것은 혼자 노는 고독한 시간을 통해 저절로 생겨납니다.

능숙한 커뮤니케이션의 바탕에는 고독이 있습니다. 이것은 비단 아이들뿐 아니라 우리 어른들에게도 해당됩니다.

자립심을 길러주는 고독의 힘

놀이에 집중하지 못하고 여러 그룹을 오가는 아이들의 모습을 보면 우리 주위에서 흔히 볼 수 있는 어른들의 모습이 겹쳐집니다. 고독을 두려워하는 사람은 혼자 있는 시간을 견딜 수 없어 안절부절못하다가 휴대전화를 붙들고 수다를 떨거나 온종일 문자를 보냅니다. 또 친구가 얼마나 있는지 경쟁하듯 미니홈피를 들락거리고, 수시로 메신저와 SNS를 확인하기도 하지요.

하지만 그렇게 노력해도 마음이 통하는 진정한 커뮤니케이션이 이루어지기는 어렵습니다. 집중하지 못하고 형식적으로 오가는 인간관계는 진심이 통하는 커뮤니케이션과 다르게 오히려 마음이 더 공허해집니다. 그래서 이를 벗어나기 위해 또 하지 않느니만 못한 커뮤니케이션을 억지로 하고 결국 다시 외로워지는 악순환을 반복하는 것입니다.

고독은 결코 커뮤니케이션과 대립하는 관계가 아닙니다. 자기 자신을 올곧게 바라본 경험이 있어야 스스로를 긍정하여 자신감을 얻을 수 있고, 인간관계의 주체가 되어 원활한 커뮤니케이션을 할 수 있습니다. 이 모든 경험을 가능하게 하는 힘을 '고독력'이라고 합니다.

고독력은 글자 그대로 '고독의 힘'입니다. 간단하게 말하면 다양한 커뮤니케이션에서 반 발짝 벗어나 자기 자신과 그 내면을 바라보는 힘입니다.

사회나 그룹, 타인, 그리고 가족이나 선생님에게 의존하지 않으면서 스스로 생각하여 자신의 일에 관한 판단을 내릴 수 있는 힘, 자신을 긍정할 수 있는 힘, 인생의 목적이나 삶의 의미를 생각하며 '나는 지금 이대로도 충분히 행복해.'라고 확신할 수 있게 해 주는 힘, 이것이 바로 고독력입니다.

사람이라면 누구나 고독력을 지니고 태어나, 이를 발휘하여 성장합니다. 그런데 최근 고독력을 잃어버린 사람들이 늘고 있습니다. 그 이유는 무엇일까요?

고독력을 잃은 엄마들

많은 정보는 불안감을 안겨준다

며칠 전, 어떤 유치원 선생님에게 "요즘 엄마들은 아이 키우는 것에 부담을 느껴 많이 불안해한다고 들었는데 정말 그런가요?"라고 물었습니다. 그 선생님은 30년 동안 유치원과 초등학교에서 아이들을 가르쳐 온 베테랑입니다. 그녀는 제 질문에 다음과 같이 답했습니다.

"확실히 많은 엄마들이 아이 키우는 것을 불안해해요. 특히 첫아이의 경우에는 보는 것, 듣는 것 모두가 처음이지요. 게다가 요즘에는 예전과 달리 거의 핵가족이어서 육아에 대한 고민거리가 있어도 혼자 해결해야 하고요. 하지만 그렇게 불안해하는 것이 당연하지 않을까요? 아이가 도전과 실패, 재기와 성취를 통해 자라는 것처럼 부모도 불안을 감수하고 시행착오를 반복하며 부모로서 성장해가니까요.

문제는 오히려 육아가 아닌 다른 데 있어요. 유치원에 다니는 아이를 둔 엄마들은 마음이 맞는 사람끼리 모여 모임을 이룹니다. 아이를 유치원에 보내고 나서, 또 데리러 가기 전에 잠깐씩 마주치는 시간 동안 다양한 정보를 교환하지요. 더 나아가 전화나 문자로 그날에 유치원에서 무슨 일이 일어났었는지 바로바로 알려주는 엄마도 있어요. 어떤 아이는 이미 학원에 다니기 시작했다든가, 초등학교에 들어가면 무슨 학원에 보내는 것이 좋다든가, 누구누구는 벌써 구구단을 외울 수 있다든가, 어느 선생님이 좋고 어떤 선생님은 나쁘다든가 등 엄마들은 여러 가지 정보를 듣게 됩니다. 그렇게 확실하지도 않고 필요도 없는 정보를 받아들이고는 '우리 아이가 다른 아이에게 뒤처지면 안 되니까 빨리 학원에 보내야겠다.', '우리 아이는 아직 한글도 못 뗐는데 너무 늦은 게 아닐까? 다 내 탓이야.', '다른 선생님이라면 이런 일은 없었을 텐데…….' 등 쓸데없는 걱정을 하게 되지요. 엄마들의 이야기를 들어보면 이렇게 필요 없는 정보에 휘둘리는 일이 많아 정말 걱정이에요."

이 선생님의 이야기에서 알 수 있는 점은 발 빠른 정보력이 반드시 좋은 결과를 낳는 것은 아니라는 사실입니다. 쓸데없는 정보를 얻고 느끼지 않아도 될 불안으로 힘들어한다면 굳이 사람들과 커뮤니케이션을 할 필요가 없겠지요.

꼭 모임에 나가야 할까?

이 이야기에 뒤따르는 또 한 가지 포인트가 있습니다. 어떻게 보면 이 내용이 더 중요할 수도 있지요.

선생님의 말에 따르면 이런 엄마들의 모임에는 적극적인 사람도 있고 그렇지 않은 사람도 있습니다. 그리고 대다수의 적극적이지 않은 엄마들은 모임에서 따돌림을 당하게 되어 혹시라도 아이에게 피해가 갈까 봐 마지못해 참석한다고 합니다.

엄마들의 모임은 비슷한 또래의 소수 인원으로 구성되어 아이들끼리, 엄마들끼리 같이 만나고 어울리며 밀접한 관계를 맺습니다. 하지만 겉으로는 어쨌든 마음속으로 불만을 가진 엄마들도 꽤 있다고 합니다.

그런 엄마들은 모임에서 벗어나 외톨이가 되는 것을 무서워합니다. '사람들에게서 멀어지면 어떡하지?'라는 두려움을 갖고 있는 것이지요. 그 불안을 없애기 위해서 내키지 않더라도 커뮤니케이션을 계속해야 한다고 생각합니다. 모임에서 적극적으로 발언해 리더 역할을 도맡고 있는 엄마들도 압박을 느끼는 것은 마찬가지입니다.

엄마들뿐 아니라 우리 대부분도 이런 스트레스 때문에 즐겁지도 않은 인간관계를 유지해야 한다고 생각합니다.

이는 고독력이 부족해서 자기 자신을 믿지 못하고 혼자 있기 힘들어 한다는 뜻입니다. 그래서 다른 사람들과 모임에 의존하여 의미 없는 커뮤니케이션을 하며 자신의 위치를 확인하고자 하는 것입니다.

과잉 커뮤니케이션 사회

우리는 왜 고독력을 잃고 남들과 커뮤니케이션을 하지 않으면 불안을 느끼게 되었을까요? 이는 우리 사회의 변화와 밀접한 연관이 있습니다.

농경 사회에서 산업 사회로 바뀌는 과정에서, 우리는 급변하는 사회에 적응하고 전란의 고통에서 벗어나 선진국의 대열에 진입하기 위해 모든 국민이 일치단결하여 열심히 일했습니다. 이 과정에서 자연스레 '협동'과 '단결'을 중요시하게 되었고, 실제로 경제가 급성장하자 이를 더욱 강조하게 되었지요.

그런 환경 속에서 지내다 보니 남들과 다른 생각을 하는 사람, 집단행동을 못하는 사람은 방해가 된다고 여기게 되었습니다. 이런 획일적인 문화가 생활 전반에 퍼진 결과, 단체에 협조하는 것이 최선의 방법이라는 생각이 당연하게 받아들여졌고 이를 배우고 가르치게 되었습니다. 가정이나 학교, 회사 전반에서도 이런 생각을 주입하는 교육이 이루어졌지요.

그리고 어느새 사람들은 '모두 같이 행동할 수 있는 것이 가장 좋다.', '항상 여러 사람에게 둘러싸여 있는 사람은 분명히 훌륭한 사람이다.', '친구가 없는 사람은 뭔가 문제가 있다.', '고독은 외로운 것이다.'라고 인식하게 되었습니다.

이런 사회에서는 혼자 있는 사람을 나쁘게 생각합니다. 이 때문에 지금 우리는 혼자 있는 것을 두려워하며 누군가와 함께 있으려고 하는 것입니다. 혼자 밥 먹는 것을 꺼리고, 심지어 화장실까지 다른 사람과 함께 가려 하지요. 그리고 많은 사람들이 '사람들과 함께 있는 것이 인간적이다.', '남들과 커뮤니케이션을 못하는 사람은 어엿한 사회인이 아니다.'라고 생각합니다. "커뮤니케이션 능력이 뛰어난 사람이 사회적으로 성공한다."고 주장하는 사람도 있을 정도니까요. 그래서 억지로 자기 자신을 남에게 맞춰서 행동하려 하고, 혼자 있지 않기 위해 약간의 자기희생쯤은 감당하면서까지 뭔가를 하려고 하지요.

저는 이런 사회를 '과잉 커뮤니케이션 사회'라고 생각합니다. 여러분도 잠시 자신의 생활을 돌이켜 보시기 바랍니다. 혹시 시간적 여유가 생길 때마다 아는 사람에게 연락해 만나려고 하거나, 유치원이나 학교에서 열리는 보호자 모임에 꼬박꼬박 참석한다든가, 직장 동료와 밤늦도록 회식을 하면서 많은 시간을 소비하고 있지 않습니까?

집으로 돌아온 후 그런 번거로운 만남에서 벗어날 수 있다면 천만다행입니다. 하지만 집에 와서도 휴대전화나 인터넷으로 쓸데없는 정보를 모으는 데 정신이 팔려 혼자만의 시간을 빼앗기는 일이 많지요.

이런 과잉 커뮤니케이션은 단순히 사람들과의 만남에서만 이루어지는 것이 아닙니다. 지금은 없으면 안 된다고 여겨지는 신문, 텔레비전, 인터넷, 스마트폰 등 쉽게 접할 수 있는 매스컴도 우리에게 커뮤니케이션을 강요합니다. 우리는 다양한 미디어에서 얻는 최신 뉴스나 패션, 맛집, 여행 등에 관한 대량 정보에 매일 얼마나 휘둘리고 있을까요? 냉정하게 생각해봤을 때, 그 정보들이 정말 꼭 알아야만 하는 것들이던가요?

항상 사람들과의 커뮤니케이션을 강요하는 사회. 그것이 바로 지금 우리가 살아가는 사회입니다.

그렇다면 엄마들의 과잉 커뮤니케이션에는 어떤 모습들이 있을까요? 이제부터 하나하나 살펴보도록 하겠습니다.

나도 과잉 커뮤니케이션에 빠진 걸까?

눈치 보는 엄마

평일 아침마다 아파트 입구에서 엄마와 아이들이 삼삼오오 모여 유치원 버스를 기다리는 모습을 흔히 볼 수 있습니다. 아이와 손을 잡고 즐겁게 이야기하는 엄마들. 이들의 대화는 아이가 버스를 타고 간 후에도 계속 이어집니다.

그런 엄마들 중에는 이야기를 나누고는 있지만 안절부절못하는 듯이 보이는 사람이 있습니다. 억지로 웃어서 경련이 일어나는 것처럼 보이기도 하고, 남아 있는 집안일이 걱정돼서 망설이는 것처럼 보이기도 하지요. 다른 일이 있으면 엄마들에게 말을 하고 먼저 집에 가면 될 텐데, 그 엄마의 입장에서는 그게 그렇게 간단한 일이 아닌가 봅니다. 대화 도중에 자리를 떠서 분위기를 망치고 싶지 않거나 자신이 자리를 떠난 후 다른 엄마들이 어떻게 생각할지 고민하고 있기 때문이지요. 다른 사람들과 어울려야 한다는 압박이 더 어색한 표정을 만드는 것입니다.

여러분도 이런 경우에 해당하지는 않습니까? 몇 가지 예를 더 살펴보겠습니다.

정보 수집에 집착하는 엄마

육아 잡지나 텔레비전에서, 또는 유치원 엄마들로부터 다양한 정보를 입수하는 데 많은 시간을 쏟습니다. 이 과정에서 모은 정보들이 자신의 생각과 맞지 않아 불안해지면 이를 해결하기 위해 새로운 정보를 더 많이 수집하지요. 또 다른 엄마들이 알고 있는 정보를 자신만 모르고 있으면 더 조급해하기도 합니다.

사실 그렇게 모은 정보들은 꼭 필요하지도, 정확하지도 않습니다. 그저 과잉 커뮤니케이션에 빠진 것뿐이지요.

모임에서 벗어나지 못하는 엄마

언제나 아이의 일거수일투족에 초점을 맞추고 있는 엄마들에게 같은 또래의 아이를 가진 엄마들은 중요한 존재입니다. 그래서 유치원 통학시간에는 물론이고 주말에 나들이를 갈 때도, 한가한 낮 시간에 취미 활동을 할 때도 늘 함께 하지요.

하지만 이에 지나치게 의존하는 엄마는 관계를 유지하기 위해 다른 엄마들의 눈치를 봅니다. 주위 사람들의 기분을 해치지는 않을까, 우리 아이가 다른 아이들과 다퉈서 관계가 나빠지지는 않을까 항상 신경 쓰게 되지요. 사정이 이렇다 보니 아이보다 모임을 우선시하는 주객전도가 벌어지기도 합니다.

이런 과잉 커뮤니케이션은 엄마뿐만 아니라 아이에게까지 악영향을 미칩니다. 엄마의 인간관계에 원치 않게 속한 아이가 남몰래 힘들어하는 것도 당연한 일이겠지요.

싫은 소리를 못하는 엄마

이런 엄마는 내심 귀찮아하면서도 학부모 모임의 잡일을 도맡게 됩니다. 어려운 부탁을 받아도 싫다고 거절하지 못하는 성격 때문에 항상 스트레스를 받습니다. 한 번이라도 좋으니 싫다고 말하고 싶지만, 딱히 명분도 없고 거절하지 못할 분위기로 몰아가니 결국 어쩔 수 없이 수락하는 것입니다. 이런 경우도 과잉 커뮤니케이션에 빠진 상황이라고 할 수 있습니다.

휴대전화를 놓지 않는 엄마

요즘 일상생활에서 빼놓을 수 없는 것이 바로 휴대전화이지요. 그런데 '휴대전화 중독'이라는 말이 나올 정도로 언제 어디서나 통화를 하고, 집에 두고 오는 날이면 가스 불을 깜빡한 것처럼 초조해하는 사람이 있습니다. 항상 다른 사람과 함께 있다는 안도감 때문에 아이를 돌보거나 집안일을 하는 와중에도 문자를 주고받거나 전화를 걸어 수다를 떨기도 합니다. 이런 의존 성향을 보이는 것도 과잉 커뮤니케이션에 빠진 것입니다.

과잉 커뮤니케이션에서 벗어나기

과잉 커뮤니케이션은 이제 그만

여러분도 다른 엄마들과 대화하는 도중에 자리를 뜨지 못하거나 내 험담을 하지 않을까 신경 썼던 경험, 퇴근 후 집에 가야 하는데 동료가 가볍게 한잔하러 가자고 해서 거절하지 못하고 어쩔 수 없이 따라간 경험이 있습니까?

이렇게 일상생활을 조금만 돌이켜 보아도 우리는 여기저기에서 과잉 커뮤니케이션을 하고 있다는 것을 알 수 있습니다. 너무 귀찮고 내키지 않아서 이런 게 싫다고 생각하는 사람도 많을 것입니다. 이 책을 읽고 있는 독자분들도 그럴지도 모르겠네요. 하지만 그렇게 생각만 하고 정작 행동으로는 옮기지 못하는 경우가 많습니다. 그 이유는 무엇일까요?

바로 고독력이 없기 때문입니다.

고독력이 없으니 스스로에게 자신감을 가지지 못하고 항상 남에게 의존하게 되고, 그 사람이 자신을 싫어하지 않도록 항상 웃는 얼굴로만 대하게 되는 것입니다. 이 때문에 사람들의 말에 너무 신경 쓰다 보니 정신적으로 피곤해지는 일도 당연하지요.

이른바 '착한 사람 콤플렉스'에 빠져 자신을 희생하는 것입니다. 하지만 성인군자도 부처도 아닌 보통 사람이 언제나 착한 사람처럼 웃을 수만은 없습니다. 여기서 말하는 '착한 사람'이란, 자신감이 없고 내면의 불안을 숨기기 위해 남의 눈치만 보는 우유부단한 사람을 가리킵니다.

여러분은 어떻습니까? 혹시 주위 사람들로부터 착한 사람이라는 평을 듣고 있진 않습니까?

'착한 사람 콤플렉스'에서 벗어나자

착한 사람은 남들에게 호감을 얻기 위해 부단히 애를 씁니다. 그래서 처세술의 달인이 되기 마련이지요. 앞서 말했던 자신감 없는 사람의 성향에 '팔방미인이 되고자 한다.'라는 항목이 있었던 것도 이런 이유 때문입니다. 다른 사람의 흥미에 맞춰 대화 소재를 준비하다 보니 여러 분야를 두루 섭렵하게 되고, 정작 자신이 좋아하고 관심 있는 일이 무엇인지 잊어버리는 것입니다. 그리고 과잉 커뮤니케이션으로 항상 진이 빠져 있습니다.

그래서 저는 우선 착한 사람에서 벗어나기를 권하고 싶습니다. 그렇다고 해서 나쁜 사람이 되어야 한다는 뜻은 아닙니다. 크게 어긋나지 않는 범위에서 해도 좋은 일들을 하나씩 실행하는 것입니다. 예를 들어 휴대전화가 울려도 받고 싶지 않은 상황이거나 내키지 않는 사람이라면 무시한다든가, 혼자 집에 있을 때 누가 찾아와도 모르는 척하는 정도입니다. 천천히 하나씩 시도해 나가면 트러블이 생기지 않을까 걱정하던 일들이 생각보다 아무것도 아니라는 사실을 깨닫게 됩니다. 이렇게 별것 아닌 일들이 착한 사람에서 벗어날 계기가 되지요.

실제로 제가 아는 사람 중에도 그런 사람이 있습니다. 그는 일하는 데 방해받고 싶지 않다는 이유로 모든 연락을 팩스로만 합니다. 물론 휴대전화나 메일도 사용하지 않지요. 불편하지 않으냐고 물었더니 오히려 갑자기 울리는 전화벨 소리가 없으니 훨씬 홀가분

하고 집중도 잘 된다고 하더군요. 주위에서도 '그 사람은 그러니까' 하고 인정하고 그에 맞춰주게 됩니다.

즉, 착한 사람이 되기보다는 자기만의 스타일을 유지하면서 주위 사람들이 자연스럽게 인정하도록 유도하는 것이 중요합니다.

그런 간단한 방법이 있었냐고 놀라는 사람도, 반대로 아무리 해도 불가능하다고 말하는 사람도 있겠지요. 하지만 자신의 이미지를 사고파는 연예인이 아닌 이상 불특정다수의 사람에게 모두 호감을 받을 필요는 없습니다. 과잉 커뮤니케이션 때문에 피곤해지는 것보다 혼자 조용히 마음을 가다듬는 편이 훨씬 유익하니까요.

혼자 있는 건 나쁜 게 아니다

'우리'를 강요하는 사회

우리 사회에서는 사람이 혼자 있는 것을 부정적으로 여깁니다. 독신인 사람을 보면 "저 사람은 뭔가 문제가 있나 봐. 그러니 결혼도 못했지."라는 소문을 내고, 모임에 적극적이지 않으면 "저 사람은 성격이 어둡고 자기중심적이야."라고 수군거립니다.

우리 사회는 동조 압력이 강한 사회입니다. 또 오랫동안 마을 단위로 협력해야 했던 농경 사회, 특히 벼농사를 중심으로 한 공동체 사회가 구성되었기 때문에 집단의 이익을 위해 단결하는 것이 당연하게 여겨졌습니다. 그래서 자연히 '혼자 있는 것은 나쁘다'

고 생각하게 되었지요. 하지만 혼자 있는 것이 정말 나쁘기만 할까요?

혼자 있는 시간에는 그 순간만이 누릴 수 있는 즐거움이 있습니다. 좋아하는 음악도 실컷 듣고, 읽고 싶은 책도 마음대로 읽고, 내키는 대로 행동하고 즐길 수 있습니다. 남의 말에 신경 쓰거나 의견 차이로 다툴 일도 없고 자기 자신과 마음의 대화도 할 수 있지요. 그만큼 정신적으로 풍요로운 인생을 누릴 수 있습니다. 정말 멋진 일처럼 느껴지지 않습니까?

혼자는 불안하다?

실제로 여러 사람에게 물어보면 이구동성으로 혼자가 되고 싶은 순간이 있다고 합니다. 사실 온종일 다른 사람들과 함께 있고 싶어하는 사람은 아무도 없을 것입니다.

그만큼 우리 모두 커뮤니케이션에 지쳐 있습니다. 혼자서 자기 자신에 대해 다시 생각해보고, 생각을 실천에 옮기는 시간을 갖고 싶어 합니다. 이는 인간으로서 매우 건전한 욕구입니다. 저는 더 많은 사람이 혼자만의 시간을 갖고 싶다는 주장을 펼쳐야 한다고 생각합니다.

그런데 조금 걱정되는 부분도 있습니다. 혼자 있고 싶다고 말한 사람에게 "그렇다면, 혼자가 되면 무엇을 하고 싶습니까?"라고 물으면 한참 동안 생각하는 사람이 의외로 많습니다. 하루 종일 자고 싶다든가, 쇼핑하러 가고 싶다든가, 여행을 가서 온천욕을 즐기며 푹 쉬고 싶다는 등 하고 싶은 일을 떠올리면서도 혼자 있으면 외롭다는 생각부터 먼저 하기 때문입니다.

'혼자만의 시간을 갖고 싶어.'
'하지만 혼자 있으면 외롭잖아? 외로운 건 싫어.'

이렇게 상반되는 두 감정 사이에서 마음이 갈대처럼 흔들리며 고민만 하다가 결국 아무것도 못 하게 되고 맙니다. 혼자 있으면 불안하다는 생각만 하면 평생 과잉 커뮤니케이션에서 벗어날 수 없습니다.

혼자만의 즐거움

저는 혼자 있고 싶지만 외로움을 걱정하고 불안해하는 사람에게 일단 행동으로 옮겨 보라고 합니다. 무책임하다고 생각하는 분도 있겠지만 일단 시도해 보는 것이 그만큼 중요합니다. 혼자 있고 싶다는 생각이 조금이라도 있다면 그 사람의 마음이 '혼자만의 시간이 필요하다.'라고 SOS를 보내는 것이니까요. 그 마음에 솔직해져야 한층 더 성장할 수 있습니다. 그러므로 그런 사람에게는 "혼자가 되어도 당신이라면 외롭지 않을 겁니다. 잠깐 외롭더라도 충분히 이겨내고 더 뜻깊은 시간을 보낼 수 있을 거에요."라고 격려해 주는 것이 좋습니다.

"혼자가 되면 무엇을 하면 좋을까요?"라고 묻는 사람도 있는데 그건 사람마다 다릅니다. 만약 이런 것 저런 것들을 해보라고 말해준다면 상대는 그 말에 의존하게 되고, 그것 또한 과잉 커뮤니케이션이나 다름없는 일이 되겠지요.

힌트를 하나 드리자면 혼자가 되었다고 해서 특별히 중요한 일을 할 필요는 없다는 것입니다. 평소 사람들과 함께하던 것처럼 쇼핑을 하러 가도 되고 좋아하는 음악을 들어도 됩니다. 전부터 읽고 싶었던 책을 읽어도 되고, 아예 멍하게 누워 있어도 됩니다. 무엇을 꼭 해야 할 필요도 없고 효과적으로 시간을 보내야 하거나 성과나 결과를 내야 할 의무도 없습니다. 다만 자기 자신에 대해 천천히, 그리고 깊게 생각해보면 됩니다.

그러면 지금까지 타인과의 관계에만 집중했던 자신을 반성하고,

자신의 마음을 헤아리기 위한 노력에 주의를 기울일 것입니다. 이것이 바로 고독의 효능입니다. 자기 자신에 대해 생각하고 마음의 소리를 들을 준비가 되어있다면 그제야 비로소 더 중요한 힘, 고독력이 생기기 시작합니다.

교실 구석에 혼자 쭈그리고 앉아 있는 아이를 상상해 봅시다. 그 아이는 누구보다 뛰어나고 훌륭한 자신만의 재능이 있지만 오랫동안 아무도 상대해 주지 않았기 때문에 '어차피 난 있으나 마나 한 존재야.'라고 생각하고 있습니다.

여러분의 마음속에도 이런 아이가 있을 것입니다. 이 아이에게 다정하게 말을 건네고 멋진 재능을 펼칠 수 있도록 도와주세요. 그러려면 혼자가 되어 자기 자신을 제대로 바라보는 과정이 필요합니다. 이 아이가 바로 여러분 안에 잠자고 있는 '고독력'이기 때문입니다.

누구에게나 고독력은 있다

고독력=자립심

고독력이라고 하면 뭔가 특별한 능력인 것처럼 보이지만 결코 그렇지 않습니다. 누구에게나 고독력은 있습니다. 혼자 노는 아이에게서 고독력을 발견할 수 있듯이 고독력은 본래 우리가 지니고 태어난 힘입니다.

고독력이 있으면 혼자 있고 싶다는 생각도 절로 듭니다. 또 음악 감상이나 독서, 스포츠 등 남다른 취미를 발견할 수도 있지요. 진학이나 취업으로 부모와 떨어져 혼자 생활하는 것도 고독력이 갖춰져 있어야 할 수 있는 일입니다.

다 큰 어른이 되어서까지 부모에게 의존하고 곁에 있을 수 없습니다. 사람은 언젠가는 태어난 가정을 떠나 홀로 살아가야 합니다. 이를 위해 태어날 때부터 갖춰진 힘이 고독력입니다. 그러므로 우선 '나에게는 고독력이 있고, 지금까지 잠시 잊고 있었을 뿐이다.'라고 믿어야 합니다.

잘못된 육아와 빼앗긴 고독력

그러나 요즘 아이들은 성장하면서 타고난 고독력을 점점 잃어갑니다. 이는 아이를 키우는 엄마의 고독력이 낮기 때문에 생기는 문제입니다. 그렇다면 고독력은 어떻게 대물림되는 것일까요?

요즘 엄마들은 어렸을 때부터 "모두 사이좋게 지내야지.", "싸우면 안 돼."라는 말을 듣고 자란 세대입니다. 그런 엄마들은 '사이좋게'라는 말을 거역할 수 없는 당연한 개념으로 여겼습니다. 게다가 학교에서도 교칙이 개성을 짓눌렀고, 이에 따르지 않는 아이에게 '날라리', '사회 부적응자'라는 오명을 씌우곤 했습니다. 반에서 조금이라도 튀거나 돋보이는 행동을 하면 바로 따돌림과 무시의 대상이 되었습니다.

이런 시대적 상황 속에서는 무슨 일이든 남들과 다르지 않도록, 사람들로부터 미움받지 않도록 인간관계를 잘 맺으려고 애쓸 수밖에 없었습니다. 그중에는 따돌림당하지 않기 위해 자신의 의견을 주장하지 않겠다고 결심한 사람도 많았을 것입니다.

그런 인간관계는 학교를 졸업한 후에도 이어졌습니다. 예를 들어 유치원이나 초등학교에서 만난 다른 엄마들과의 관계가 그렇겠지요. 사정이 이렇다 보니 엄마의 고독력은 점점 사라질 수밖에 없었습니다.

그럼 이런 엄마들은 아이를 어떻게 가르칠까요? 당연히 "친구들과 사이좋게 지내고 있지?", "친구들과 친하게 지내야 훌륭한 어른이 되는 거야."라며 자신의 경험을 아이들에게 전하려고 합니다. 이렇게 고독력을 인정하지 않는 부모 밑에서 자란 아이들 역시 고독력을 잃게 되지요. 이 아이들이 성장하여 부모가 되면 같은 상황이 또 반복될 것입니다. 그러면 아이들의 고독력은 어디에서도 찾아볼 수 없게 되겠지요. 아니, 벌써 현실에서 그런 일이 일어나고 있습니다.

요즘 아이들이 사용하는 거친 속어 중에 '빡친다'라는 표현이 있습니다. 대부분 '어이가 없고 화가 난다.'라는 뜻으로 쓰이는데, 아이들은 아주 사소한 일에도 흔히 사용하고 있습니다. 엄마에게

꾸중을 들어서, 학원에 가기 귀찮아서, 심지어 재미있는 게임을 하다가도 금방 화를 내곤 하지요.

감정이 잘 통제되지 않아 쉽게 화를 내는 아이들은 항상 마음이 불안하고 스스로에게 자신감이 없습니다. 그래서 화를 내고 겉으로나마 강한 모습을 보여 자기 자신을 지키려 하는 것이지요. 이 또한 고독력이 사라졌기 때문에 벌어진 일입니다.

그러므로 엄마 자신뿐 아니라 앞으로 자라날 아이들을 위해서라도 엄마들이 고독력을 되찾아야 합니다. 너무 걱정할 필요는 없습니다. 고독력은 누구에게나 있으니까요. 지금 당장은 없는 것처럼 느껴진다고 해도 반드시 되찾을 수 있습니다.

고독력으로 즐거워지는 커뮤니케이션

고독력은 긍정의 힘이다

앞에서도 이야기했지만 고독력은 우리가 본래 갖고 태어난 힘입니다. 누구나 고독력을 되찾을 수 있지요.

고독력을 찾기 위한 방법은 다음 장에서 더 자세히 살펴보기로 하고, 여기서는 고독력이 구체적으로 어떤 것인지, 이를 어떻게 커뮤니케이션에 적용해 능숙하게 이끌어나갈 수 있을지에 대해 알아보겠습니다.

고독력이 무엇인지 다시 한번 짚어보면 다음과 같습니다.

- 한 가지 일에 집중하는 힘
- 자기 자신을 똑바로 바라보는 힘
- 자기 자신을 좋아하고 사랑하는 힘
- 자기 자신을 관대하게 용서하는 힘
- 스스로 균형을 지킬 수 있는 힘
- 자신의 의견을 당당하게 주장하는 힘

이 모든 요소를 요약하면, 곧 고독력은 스스로를 긍정할 수 있는 힘이라고 말할 수 있습니다. 장점도 단점도 모두 덤덤하게 받아들이고 '나는 이대로도 좋다.'고 생각하는 힘이지요.

고독력을 되찾으면 다른 사람과의 커뮤니케이션도 즐거워집니다. 단순히 태도만 바뀌는 것이 아니라 더 깊은 교류를 나눌 수 있는 계기가 되지요. 왜 그럴까요?

자신을 바라보고 스스로 고민하고 깨달은 사람은 다른 사람들도 제각기 성향이 다르고 장단점이 있다는 사실을 알게 됩니다. 그리고 자신이 못하는 일을 더 잘할 수 있는 다른 사람에게 부탁하거나 자신이 잘할 수 있는 일을 자진하여 맡으며 사람 간의 조화를 생각하게 되지요. 서로 좋아하고 잘하는 일을 믿고 맡기게 되니 스스로에 대한 자신감도 커지고 관계에 신뢰가 쌓이는 것입니다.

직장에서는 자신이 못하는 일을 다른 사람에게 부탁할 수 있고, 가정에서는 남편에게 집안일을 부탁할 수도 있겠지요.

그러나 쓸데없이 눈치를 보며 모든 일을 혼자 하려고 하면 결국 제 풀에 지쳐 이도 저도 못하게 되어버리고, 점점 소극적인 태도를 보이게 됩니다. 그건 스스로도 바라던 일이 아닙니다.

사람 간의 관계는 나로부터 시작되어 점점 다른 사람에게 퍼져나가는 것입니다. 그렇기 때문에 나 자신의 작은 변화가 큰 결과로 돌아오기 마련이지요. 나를 인정하고 받아들이면 다른 사람들도 다르게 보이기 시작합니다.

이렇듯 고독력이 바탕이 되어야 자신과 타인의 장단점을 서로 이해하고 협력하는 관계를 만들 수 있습니다.

좋은 인간관계를 위한 비결

다른 사람들을 포용할 수 있다는 것은 자신과 상대의 차이를 인정할 수 있다는 뜻입니다. 가장 가까운 친구를 한 명 떠올려 봅시다. 길건 짧건 그 친구에게는 나름의 살아온 역사가 있고 인생이 있습니다. 이는 오직 그 친구만의 것이며 누구와도 공유할 수 없지요. 그렇게 인생 전반에 걸쳐 쌓아온 그 사람만의 사고방식, 감정, 기호, 취미는 당연히 나와 다를 수밖에 없습니다. 이것은 누구에게나 똑같이 해당됩니다.

하지만 자신감이 없는 사람은 그 차이를 인정하지 않습니다. 그렇기 때문에 남과 똑같이 행동하려고 하고 타인의 생활방식에 의존하는 것입니다. 아니면 반대로 상대를 자신의 방식으로 속박해 똑같이 행동하도록 강요하기도 하지요.

가끔 자신과 타인과의 차이를 인정하고 그 사람을 존중할 수 있다고 하더라도 서로 이해하지 못할 때가 있습니다. 세상에는 만나자마자 예전부터 알던 사이처럼 느껴지는 사람이 있고, 오랫동안 만나도 좀처럼 익숙해지지 않는 사람도 있습니다. 억지로 이해해보려는 노력 때문에 오히려 더 멀게 느껴질 수도 있지요. '내가 부족해서 서로를 이해하지 못하는 걸까?' 하는 고민이 나중에는 그 사람에 대한 미움으로 바뀌어 버리고, 결국 서로에게 불행을 안겨주게 됩니다.

'다르다', '이해할 수 없다'고 생각되면 어쩔 수 없다고, 그것 나름대로 좋다고 여깁시다. 서로 이해할 수 없다는 점을 인정하고 '그래, 그럴 수도 있지.'라고 생각하는 데에도 용기가 필요합니다. 고독력은 그 용기를 불어넣기 위한 수단입니다.

지금까지 살펴본 능숙한 커뮤니케이션을 위한 비결은 딱 두 가지로 정리할 수 있습니다.

- 스스로 자신감 갖기(자신을 긍정하는 것)
- 타인을 인정하기(타인을 긍정하는 것)

이 또한 상당히 어려운 일이겠지만, 고독력이 있으면 충분히 해낼 수 있습니다.

남편들이여, 아내의 고독력을 지원하라

아내의 목소리에 귀 기울이자

아무리 엄마들에게 고독력이 없다, 고독력을 길러야 한다고 말해도 옆에서 아무도 도와주지 않으면 소용없는 말일 뿐입니다. 엄마들에게 혼자만의 시간이란 명품가방보다 사치스럽게 느껴질 만큼 갖기 어려운 것이기 때문이지요. 그러므로 남편의 협조, 즉 아내에게 힘을 불어넣어 줄 남편의 노력이 있어야 합니다. 가능하면 이 부분은 남편들이 꼭 읽도록 권해주면 더 좋겠네요.

이 장을 쓰기 전에 주위 여성들에게 평소 남편에 대해 어떻게 생각하는지 물었습니다. '가끔은 집안일을 도와주었으면 좋겠다',

'아이를 돌보는 어려움을 알아주었으면 좋겠다' 등 다양한 요구가 있었지만 그중에서도 가장 많았던 의견은 '남편이 내 이야기를 많이 들어줬으면 좋겠다'는 것이었습니다. 건성으로 이야기를 듣기만 하는 것이 아니라 진지하게 받아들여 주고 맞장구도 쳐 주었으면 좋겠다는 의미지요.

이 말을 들었을 때 저절로 고개가 끄덕여졌습니다. 상대의 이야기를 진지하게 들어주며 반응을 보이는 것은 심리상담의 기본 중 기본이니까요. 대부분의 사람들은 이렇게 카운슬러에게 자신의 고민을 말하면서 스스로 해결 방법을 찾습니다. 조언을 해주는 것도 좋지만 이렇게 들어주는 것 만으로 큰 위로가 되는 것입니다.

물론 남편이 완벽한 카운슬러가 될 수는 없겠지만, 가장 상황을 잘 파악하고 이해해줄 수 있는 좋은 카운슬러가 되는 것이라면 얼마든지 가능합니다. 여기서는 딴생각, 다른 일을 하면서 건성으로 듣지 말고 아내의 이야기를 진지하게 듣고 공감하는 것이 중요합니다.

어떤 남편들은 아내가 입만 열면 불평불만들을 늘어놓아서 듣고 싶은 기분이 나지 않는다고 말합니다. 그러나 이는 서로의 오해일 가능성이 높습니다. 주로 남편이 이야기를 잘 들어주지 않아서 아내가 관심을 끌기 위해 더 투정을 부리는 경우가 많지요. 이야기를 들어주지 않는 남편의 부정적인 소통 방법에 대해 아내도 똑같이 부정적인 커뮤니케이션으로 받아치는 것입니다. 이런 대화는 서로에게 더는 득이 될 것이 없겠지요.

덧붙이자면, 이렇게 말하는 사람도 있었습니다.

"조금이라도 들어주면 돼요. 여자는 그것만으로 만족합니다. 남편들이 그걸 알아준다면 우리 가정이 더 화목해질 것 같아요."

혼자만의 시간을 선물하라

아내의 이야기를 잘 들어주었다면 다음에는 아내를 위한 작은 선물을 준비해봅시다. 선물이라고 해서 비싼 반지나 꽃다발을 준비하라는 것이 아닙니다. 그보다 아내에게 작은 배려와 혼자만의 시간을 선물해 보세요. 이는 아내의 고독력을 기르기 위해 매우 중요합니다.

아내는 직장일이나 집안일, 육아 등에 시간을 빼앗겨 혼자만의 시간을 가지기가 어렵습니다. 그런 아내의 마음을 남편이 먼저 이해해 주고 "고생이 많지? 늘 고마워."라는 말 한마디로 마음을 다독여 주세요. 또 휴일에 아이를 공원에 데리고 가거나 집안일을 도와주면서 아내에게 혼자 있는 시간을 만들어준다면, 그것만으로도 아내는 매우 감동받을 것입니다.

단, 아내가 시간을 자유롭게 보낼 수 있도록 도와주세요. 그 시간에 모자란 잠을 자든, 다른 일을 하러 나가든 그건 아내의 선택에 달린 일입니다. 혼자 있는 시간에 해야할 일을 알려주거나 다른 부탁을 하는 건 되도록 자제해야 합니다. 이 선물의 목적은 어디까지나 아내의 고독력을 되찾는 것이니까요.

이렇게 남편도 발 벗고 나서서 도와준다면 엄마의 고독력을 기르기 위한 모든 준비가 끝난 것입니다. 그럼 이제 본격적으로 고독력을 기르기 위한 실천 방법에 대해 알아보겠습니다

Part 3
하루 30분, 고독한 엄마의 시간

고독력 점수 점검하기

나의 고독력 전수는 몇 점?

고독력을 되찾기 위한 방법을 소개하기 전에 자기 자신을 분석해보는 시간을 잠깐 갖도록 하겠습니다.

먼저 고독력 점수를 점검해 봅시다. 이 리스트는 내가 얼마나 '착한 사람'인지 확인하는 것입니다.

그런 다음 평소에 시간을 어떤 방식으로 보내고 있는지 살펴보겠습니다. 고독력을 기르기 위해서는 혼자 있는 시간이 필요합니다. 이에 앞서 나는 혼자만의 여유를 가질 수 있을지, 만약 그렇지 못하다면 어떻게 개선할 수 있을지를 일과 속에서 생각해 보겠습니다.

그럼 각자 얼마나 고독력을 지녔는지 알아봅시다. 다음 중에 자신에게 해당하는 사항이 있는지 확인한 후, 표시해 보세요.

고독력 점수 체크 리스트

질문	그렇다	보통이다	그렇지않다
1. 공원에서 엄마 두 명이 즐겁게 웃다가 잠깐 나와 눈이 마주쳤다. 이따금 이런 상황에서 '나에 대한 좋지 않은 이야기하고 있는 건 아닐까?'라고 생각하게 된다.	☐	☐	☐
2. 엄마들과 이야기를 하고 있어도 말이 잘 통하지도 않고 나를 이해하지 못하는 것 같다.	☐	☐	☐
3. 혼자 있는 것을 좋아하지 않고, 그럴 때면 항상 누군가에게 문자를 보내거나 오랫동안 전화를 한다.	☐	☐	☐
4. 다른 사람이 뭔가 부탁하면 잘 거절하지 못해 행사를 맡아달라는 부탁을 자주 받는다.	☐	☐	☐
5. 내가 과연 아이를 잘 키우고 있는지 항상 불안하고, 남들이 우리 아이에 관해 이야기하면 내가 혼나는 듯한 기분이 든다.	☐	☐	☐

체크를 마쳤다면 각각의 질문에 대한 답에 점수를 매겨봅시다. '그렇다'는 2점, '보통이다'는 1점, '아니다'는 0점으로 계산하여 다섯 문항의 점수를 합산합니다. 그럼 이제 결과를 확인해볼까요?

나의 고독력 점수는?

7점 이상 : 고독력 낮음	고독력을 좀 더 기르지 않으면 여러 가지 일로 스트레스를 받게 될지도 모릅니다.
3~6점 : 고독력 보통	당신은 예비 '착한 사람'입니다. 좀 더 자기 자신에 대해 생각하는 시간을 가지세요.
2점 이하 : 고독력 높음	당신은 다른 사람들의 말에 휘둘리지 않고 자기 생각대로 움직이는 타입입니다.

여러분의 고독력 점수는 얼마나 됩니까? 만약 고독력 점수가 낮은 이른바 '착한 사람'이라면 이제 슬슬 벗어날 준비를 시작하시기 바랍니다.

이를 위해 여러분이 최우선적으로 해야 할 일은 혼자만의 시간을 만드는 것입니다. 지금부터 시간 포트폴리오를 사용해 잃어버린 고독을 되찾을 방법을 찾아보도록 합시다.

시간 포트폴리오 만들기

시간을 찾아주는 '시간 포트폴리오'

　철저한 시간 관리로 자신의 인생을 설계했던 미국의 위인 벤자민 프랭클린은 이런 말을 남겼습니다.
　'당신은 인생을 사랑하는가? 그렇다면 시간을 낭비하지 마라. 인생은 시간으로 이루어져 있다. 모두 똑같이 출발했다 하더라도 세월이 지나면 어떤 사람은 앞서 가고, 또 누군가는 낙오되어 있다. 둘 사이의 거리는 좀처럼 좁혀지지 않는다. 이것은 똑같이 주어진 하루하루를 잘 이용했는가, 제대로 쓰지 못하고 허송세월을 보냈는가에 달려 있다.'

여러분은 매일 주어진 시간을 어떻게 사용하고 있습니까?

바쁘다는 말을 입에 달고 사는 사람도, 계획적으로 시간을 보내고 있다고 생각하는 사람도 자신이 시간을 어떻게 사용하고 있는지 천천히 돌이켜 보면 뜻밖에 많은 시간을 낭비하고 있다는 사실을 알게 됩니다.

앞에서 착한 사람에서 벗어나 고독력을 기르기 위해서는 혼자 있는 시간이 필요하다고 했었지요. 하지만 그런 시간을 내려 해도 거의 불가능한 것이 현실입니다. 특히 어린 아이를 키우는 엄마나 워킹맘이라면 더욱더 그렇습니다.

그래서 남편의 협조가 더욱 필요한 것이지만 남편에게만 의지할 수도 없는 노릇이지요. 가능하면 스스로 노력하여 혼자만의 시간을 누리는 것이 좋습니다. 말하자면 비상금처럼 남는 시간을 조금씩 모아 만드는 것입니다. 시간 포트폴리오는 그런 시간을 찾아내고 만들기 위한 도구입니다.

포트폴리오란 원래 클립이나 파일을 말하는데, 포트폴리오로 주권이나 증권을 정리한 데서 유래해 금융 자산 상황의 평가를 뜻하는 말로 의미가 확장되었습니다. 그러니 시간 포트폴리오란 '시간의 사용 방법'을 평가하는 자료이지요.

서론은 여기까지만 하고 일단 시작해 볼까요?

머리를 쓰면 없던 시간도 생긴다

'내가 지금 뭘 하고 있는 거지?', '내가 시간을 너무 헛되이 사용하고 있구나.'라고 생각한 적이 있습니까? 예를 들어 따분한 반상회나 학부모 모임에 계속 붙잡혀 있거나 멍하니 텔레비전을 보고 잡지를 뒤적이는 경우처럼 말이지요. 또 인터넷 쇼핑을 하다가 사지도 않을 물건을 한참 동안 들여다보고 있을 때도 가끔 이런 생각이 듭니다.

이런 것이 전부 나쁘다고는 할 수 없지만, 그렇게 무의미하게 소비한 시간을 절반으로 줄이면 나를 위한 여유 시간도 간단히 만들 수 있습니다.

또 육아나 집안일을 할 때도 조금만 머리를 쓰면 시간을 단축할 수 있습니다. 식사를 준비하면서 음식이 익는 동안 욕실 청소를 하거나 세탁물 정리를 하는 등 이미 많은 엄마들이 시간을 절약하는 방법을 실천하고 있지요.

이처럼 시간 포트폴리오를 만들면 시간을 아낄 수 있는 획기적인 아이디어가 저절로 생깁니다. 그리고 시간을 잘 활용하도록 돕는 좋은 생각도 떠오릅니다. 이런 자투리 시간을 조금씩 모으면 엄마들이 누리는 혼자만의 시간도 그만큼 늘어나겠지요?

그럼 이제 시간 포트폴리오를 만들어 자기 자신에 대해 평가하고, 그 결과를 보며 자신의 시간 사용 방법을 되짚어 보도록 합시다.

시간 포트폴리오 만드는 법

우선 종이에 이중으로 원을 그립니다. 하나는 크게, 하나는 작게 그려서 24등분합니다. 나누어진 공간의 한 칸이 1시간이 됩니다. 이 그래프를 하루 분량으로 해서 일주일 치, 총 7개를 만듭니다.

잘 이해가 되지 않는다면 다음 페이지의 예시를 보고 종이에 베껴 그리면 됩니다. 이것도 귀찮다면 86페이지의 그림을 확대 복사하여 사용하는 것도 좋습니다.

시간 포트폴리오

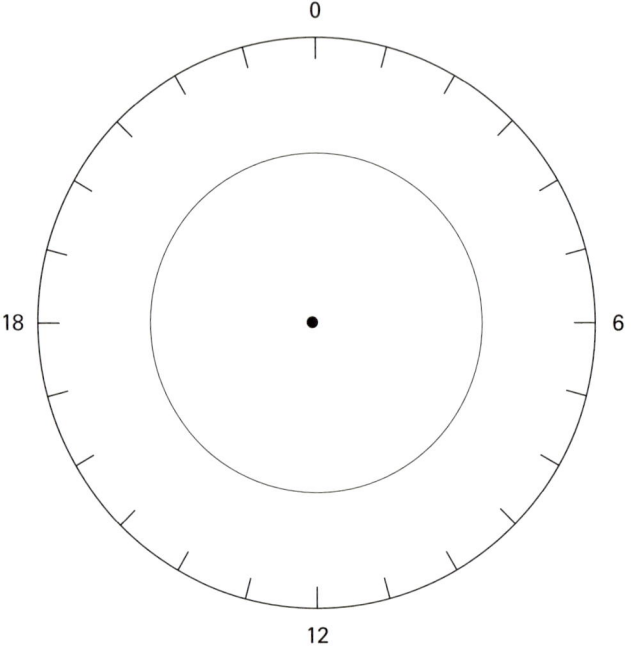

■ 코멘트:

시간 포트폴리오 기입 방법(예시)

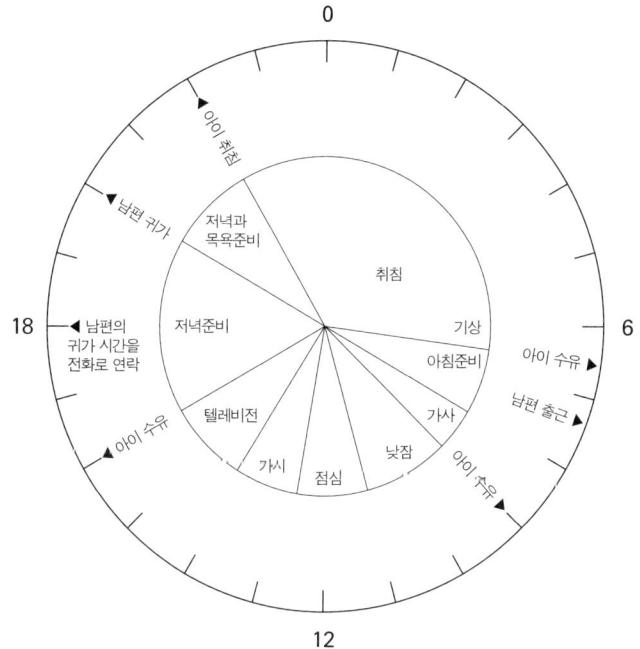

1. 24시간 그래프의 작은 원에 실제로 그 시간에 주로 무엇을 했는지 씁니다.
2. 큰 원에는 아이의 등하교 시간, 남편의 출퇴근 시간 등 다른 가족들의 스케줄을 씁니다. 독신인 경우에는 일이나 학원 수업, 운동 시간 등 자신의 시간에 영향을 주는 외부적 요인을 씁니다.
3. 아래 코멘트 란에는 포트폴리오를 보고 느낀 점을 씁니다.

Case1 | N씨: 29세, 전업주부, 아이 1명(3개월), 남편-회사원

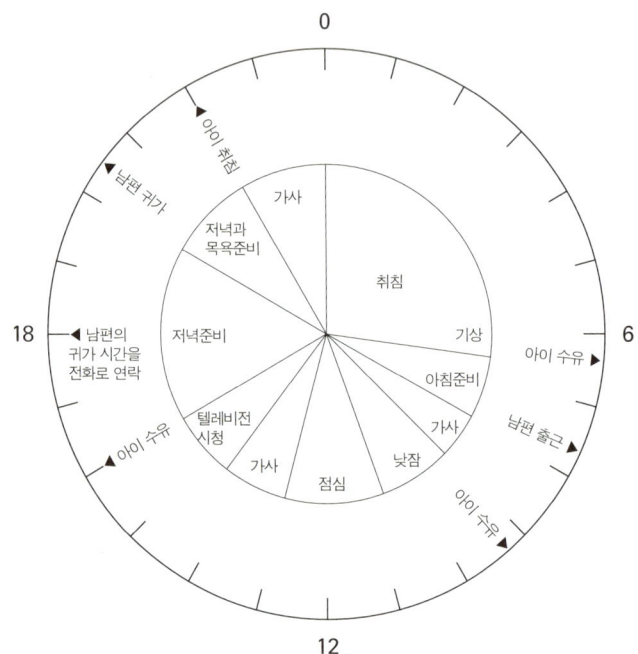

■ N씨의 코멘트:

하루 종일 집에 있어서 운동 부족을 느낀다. 동네 엄마들과 일주일에 두 번 정도 만나는데 아이에 관한 이야기만 해서 따분하다. 엄마들이 아이를 비교하면서 서로 경쟁 심리를 만드는 것이 싫다. 아이의 피부 상태가 나쁜 것 같아 안쓰럽다.

■ 조언 한마디:

남편과 아이와 함께 시간을 보내는 것은 좋지만 혼자만의 시간이 없군요. 가끔은 남편에게 아이를 맡기고 외출하세요. 동네 엄마들 이외에 다른 친구들도 만나고, 정 외출하기 어려운 상황이라면 친구를 집으로 불러서 놀아도 좋겠지요.

Case2 | O씨: 35세, 전업주부, 아이 3명(13세, 8세, 5세), 남편-회사원

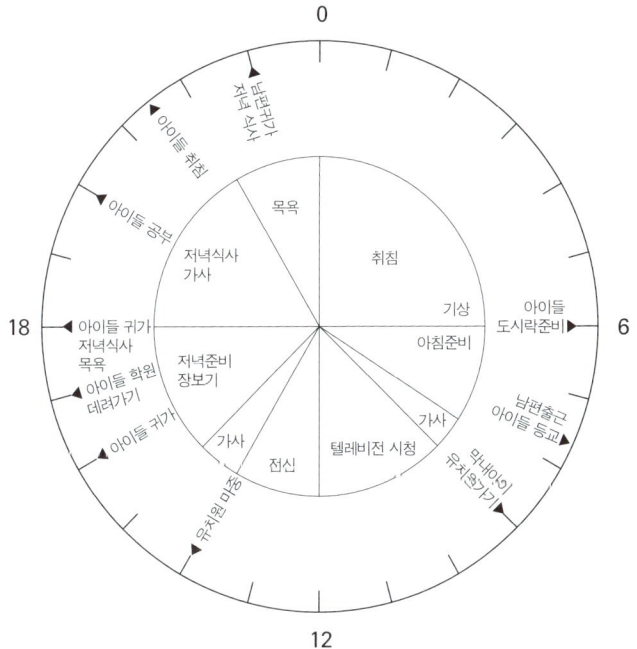

■ O씨의 코멘트:

평일에는 9시부터 2시까지 혼자만의 시간이 있지만 멍하니 텔레비전을 보는 일이 많다. 집 안일에 쫓겨 치장할 여유도 없다. 동네 엄마들과 노래방, 호프집에 가기도 한다. 옛날 친구 들과는 별로 연락하지 않는다. 아이들이 공부를 열심히 해서 좋은 학교에 들어갔으면 좋겠 다. 남편이 아이들을 돌봐주지 않아서 불만이다.

■ 조언 한마디:

뭔가 흥미 있는 일을 찾아서 혼자만의 시간을 활용해보세요. 아이들 이야기뿐 아니라 다른 주제의 대화를 나눌 수 있고 자신을 성장시킬 수도 있는 좋은 친구와 만나 스스로에 대해 생 각하는 시간을 가져봅시다.

Case3 | Y씨: 32세, 회사원, 아이 1명(4세), 남편-회사원

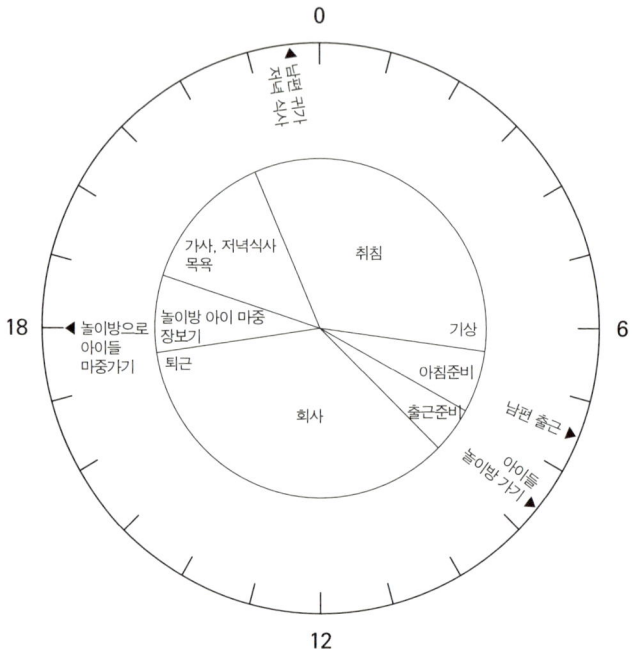

■ Y씨의 코멘트:

평일에는 나만의 시간이 없다. 밤에 시간을 만들어보려 해도 피곤해서 바로 잠들어 버린다. 남편이 아침 일찍 출근해서 밤늦게 퇴근하므로 아이를 돌보는 일이나 집안일은 대부분 내가 해야 한다. 퇴근하고 나면 눈 깜짝할 사이에 9시가 넘어버려 아이를 늦게 재우게 된다.

■ 조언 한마디:

아이를 일찍 재우고 그 다음에 집안일을 하면 혼자만의 시간을 만들 수 있습니다. 매일 집안일을 완벽하게 하려고 하지 마세요. 주말에 남편에게 부탁하여 밀린 집안일을 함께 하는 것도 좋지 않을까요?

시간 포트폴리오 사용설명서

시간 활용도를 높이자

각자 자신의 시간 사용 방법을 보고 느낀 점이 있습니까?

'내가 시간을 이렇게 막 쓰고 있었나?'하고 깜짝 놀랐거나 뭔가를 발견했다면, 시간 포트폴리오를 만든 목적의 절반 정도는 달성했다고 할 수 있습니다. 나머지 절반은 포트폴리오를 토대로 혼자 있는 시간을 만들기 위해 시간을 알뜰하게 사용하면 됩니다.

포트폴리오를 보고 혼자 있는 시간이 얼마나 되는지 확인해 보세요. 색연필로 혼자 있는 시간에 색칠해도 좋습니다.

어떻습니까? 자기 시간이 있다면 아주 좋은 현상입니다. 부디 그 시간만큼은 자기 자신을 되돌아보는 시간으로, 또 나를 재충전하는 시간으로 만들어 보세요.

혼자 있는 시간이 전혀 없더라도 너무 걱정하지 마세요. 포트폴리오를 보고 시간 사용법을 개선하면 충분한 시간을 만들 수 있습니다. 예를 들어 퇴근길에 습관처럼 직장 동료와 함께 회식하는 시간이 있다거나 학창 시절의 친구와 오래 통화하는 일이 있다면 그 시간을 조금 줄여서 혼자 있는 시간을 만듭니다.

또 집안일에 시간을 많이 빼앗기고 있다면 식기세척기나 빨래건조기 등 시간을 아낄 수 있는 전자 제품을 사서 도움을 받습니다. 물론 그렇게 돈을 쓰지 않고 남편에게 도와달라고 부탁하여 시간을 만들어도 좋습니다.

직장에 다니는 엄마들은 일에 절대적으로 많은 시간을 할애해야 하므로 혼자만의 시간이 없는 것도 당연합니다. 하지만 통근 시간을 좀 더 효율적으로 사용하거나 평소보다 30분 일찍 일어나는 등 자신에게 맞는 방법을 생각할 수 있겠지요.

이렇게 시간 포트폴리오를 만들어 보면 시간 사용법의 개선책을 발견할 수 있습니다.

시간 포트폴리오를 만드는 일은 사실 조금 귀찮을 수도 있습니다. 하지만 귀찮음을 감수할 만한 충분한 가치가 분명히 있다고 생각합니다.

  다만 혼자 있는 시간이 필요하다고 해서 하루 종일 혼자 있을 수는 없습니다. 억지로 만들려 해도 무제한으로 만들 수 없지요. 자기 시간이 많다고 반드시 좋은 것은 아닐 수도 있으니 우선 30분 정도를 목표로 시간을 만들어 보세요.

Part 4
엄마도 고독할 권리가 있다

고독력을 기르는 열두 가지 방법

혼자만의 시간으로 나를 되찾자

현대 사회는 수많은 정보에 쫓기는 바쁜 사회입니다. 그러나 몸은 바쁘게 움직여도 마음은 공허하다고 느끼는 사람들이 많습니다. '바쁘다'는 뜻의 한자(忙)를 풀어서 해석하면 '마음(心)이 없어진다(亡)'라는 뜻이 됩니다. 이처럼 너무 바쁘게만 살다 보면 갑자기 마음 둘 곳이 사라져 버릴 수도 있습니다.

마음은 눈에 보이지 않지만, 마음의 상태는 몸에 드러납니다. 갑자기 흥분하면 가슴이 쿵쾅쿵쾅 뛰거나 속상한 일이 있을 때 가슴이 조여오는 것 같은 느낌은 마음과 몸이 이어져 있다는 증거가 되겠지요. 바쁘다는 핑계로 마음을 돌보지 않으면 몸에도 나쁜 영향이 미치게 됩니다. 그러니 마음을 잘 돌보면 자연히 몸 상태도 건강해집니다.

지금까지 우리는 이런저런 일들과 사람 간의 소통 때문에 수없이 고민하며 살았습니다. 그러나 주위에서 일어나는 일들에 휘말려 고민하느라 꼭 필요한 자기 자신을 돌아볼 여유를 잃고 말았습니다. 여유가 없는 마음은 사막과 같아서, 뜨겁게 내리쬐는 햇볕에 바싹 말라 갑니다. 그런 상태가 계속된다면 정말 기쁨과 슬픔 같은 감정이 메말라버릴지도 모릅니다.

그런 마음에 작은 오아시스를 만드는 것이 이 장의 목적입니다.

앞에서 언급한 시간 포트폴리오를 만들어 자신의 생활을 되돌아보면 혼자 있는 시간을 만들 수 있습니다. 그 방법대로 혼자만의 특별한 시간을 만든 분도 있겠지요. 하지만 그것으로 끝나면 안 됩니다.

그렇게 만든 시간을 지금처럼 쓸데없는 수다나 텔레비전, 잡지를 통해 정보를 수집하는 데 쓰면 모처럼 시간을 만든 의미가 없습니다. 그 시간은 자기 자신을 재충전하고 고독력을 되찾기 위한 시간으로 사용해야 합니다.

재충전이란 마음의 치료, 즉 마음속에 있는 분노나 응어리를 꺼

내어 마음의 피로를 풀어주는 것을 말합니다. 조용하고 편안한 시간을 만들어 바쁜 생활 속에서 잊고 있던 다양한 감정이나 감동을 되찾는 것이지요.

'이러고 있어도 될까? 할 일이 많은데…….'라는 생각은 하지 마세요. 무엇을 해야 한다는 강박관념은 버리고 있는 그대로의 자신을 바라보십시오.

우선 하얀 도화지처럼 순수한 나 자신으로 돌아갑시다. 그렇게 하는 동안 본연의 나, 고독력을 가진 나를 되찾을 수 있습니다.

흥미 있는 부분부터 읽고 일단 실천해 보세요. 모두 간단하게 할 수 있는 방법입니다.

하나 • 텔레비전 리모컨 치우기

얼마 전까지 텔레비전은 한 집에 한 대씩 있는 가정의 필수품이었지만 이제는 1인 1TV, 즉 텔레비전이 개인의 필수품인 시대가 되었습니다. 아침에 일어났을 때, 밥을 먹을 때, 외출하고 돌아왔을 때 우선 텔레비전 리모컨을 찾습니다. 이것이 습관이 된 사람도 많지요.

텔레비전을 보는 것이 나쁘다는 말은 아닙니다. 텔레비전은 우리의 일상생활에 깊숙이 들어와 유용하게 쓰입니다. 개그 프로그램을 보면서 큰 소리로 웃거나 슬픈 드라마를 보면서 눈물을 흘리고, 생활정보 프로그램을 보면서 지금까지 몰랐던 새로운 정보를 얻는 일은 텔레비전을 보는 즐거움이 되지요.

그러나 텔레비전은 책이나 신문과 달라서 켜두면 저도 모르게 자꾸 눈이 갑니다. 즐겨보는 프로그램이 아닌데도 계속 보고 있다가 정신을 차려보면 몇 시간이 훌쩍 지나가 있습니다. 이런 상황은 어른이나 아이나 마찬가지일 것입니다.

모처럼 혼자 있는 시간을 만들었다면 그 시간은 텔레비전을 보지 않는 시간으로 정하세요. 그렇게 정하고 실천하면 적어도 자신의 생활을 통제할 수 있게 되고, 어렵게 만든 시간을 소중하게 쓸 수 있게 됩니다. 이것은 매우 중요합니다. 작은 출발점은 여러분에게 큰 자신감을 줄 것입니다.

이것만은 꼭!

- 여러분은 하루에 얼마나 텔레비전을 봅니까?
- 온종일 텔레비전을 켜놓고 있지는 않습니까?
- 하루 중에 텔레비전을 켜지 않고 보지 않는 시간을 만들어 봅시다.

둘 • 하루 10분, 아무것도 하지 않기

우리는 매일 시간에 쫓겨 생활합니다. 일정이 빼곡하게 적힌 다이어리를 확인하면서 걸어 다니는 사람도 많습니다. 이런 생활 속에서 아무것도 하지 않는 시간을 만드는 것은 사치스러운 일일 수도 있습니다. 하지만 지금 우리에게 필요한 것은 '여유'라는 것을 반드시 떠올려야 합니다.

아무것도 하지 않는 시간은 짧아도 상관없습니다. 하루에 30분, 그것이 불가능하다면 10분, 15분이라도 좋습니다. 지금 하고 있는 집안일이나 일을 멈추고 멍하니 있어보세요. 소파나 바닥 위에서 뒹굴거나 머릿속에 떠오르는 갖가지 생각을 그대로 놔둡시다.

심호흡할 때 숨을 내쉬지 않으면 깊이 들이마실 수 없지요. 우리 마음도 마찬가지입니다. 새로운 마음이 자리잡을 수 있도록 지금의 복잡한 마음을 비워내는 연습을 해야 합니다.

아무것도 하지 않는 시간을 불안해하지 말고, 평소에 항상 열심히 살고 있으니 잠시 마음의 사치를 누려야겠다고 생각해보는 것은 어떨까요? 여유를 스스로 받아들이는 것도 중요합니다.

단 10분의 시간이 새로운 힘을 불어넣고 쾌적한 하루를 만들어 줄 수 있습니다.

> **이것만은 꼭!**
>
> - 하루에 10분이라도 좋으니 아무것도 하지 않는 시간을 만듭니다.
> - 갖가지 생각이 떠오른 상태로 놔둡니다.
> - 소파나 바닥에서 아무것도 하지 않고 뒹굽니다.

셋 · 시계 없는 하루 보내기

독일 작가 미하엘 엔데(Michael Ende)가 쓴 유명한 동화 『모모』는 우리의 시간에 대해 다시 생각해볼 수 있게 하는 이야기입니다.

어느 이탈리아의 시골 마을에 회색 양복을 입은 남자들이 찾아와 사람들에게 시간 저축을 권하기 시작합니다. 지금 시간을 절약해 두면 노후에 편하게 시간을 쓸 수 있다는 말을 믿은 사람들은 시간을 절약하려고 시계를 보면서 생활합니다. 하지만 그 결과, 사람들의 감정은 메말라가고 인간관계는 삭막해집니다. 그 후 주인공인 모모라는 소녀가 사람들이 빼앗긴 시간을 되돌리기 위해 대활약하는 이야기가 전개되지요.

이 이야기는 사람들의 마음이 시간에 구속되면 점차 메말라간다는 것을 간접적으로 보여주고 있습니다. 우리의 생활을 보면 시계에 구속된 경우가 많습니다. 대도시에서는 전철도 분 단위로 움직이고 1분이라도 늦으면 불만이 쇄도합니다. 약속시각에 조금이라도 늦으면 서로 다투게 되어 감정이 상하는 일도 있습니다. 이렇게 우리의 마음은 잘게 쪼개진 시간에 휘둘릴수록 점점 피곤해집니다.

물론 시계를 모두 없애야 한다는 뜻은 아닙니다. 현대 사회에서 시계를 보며 생활하는 것은 당연한 일이지요. 하지만 휴일 하루 정도는 시계 없이 시간을 보내는 것도 좋지 않을까요?

이것만은 꼭!

- 일부러 시계를 보지 않는 날을 만듭니다.
- 가끔 손목시계를 풀어 두고 다닙니다.
- 자신의 몸의 리듬에 맞추어 자연의 시간에 몸을 맡깁니다.

넷 · 내 몸에게 감사와 위로 표현하기

내 몸에 집중하라는 말은 항상 건강에 신경 쓰라는 말이 아니라, 마음과 몸 전체에 관심을 두라는 의미입니다.

일본의 작가 이스키 히로유키 씨는 목욕할 때마다 자신의 발가락을 정성껏 씻으며 "오늘도 고생했다. 고맙다."라고 이야기한다고 합니다. 그가 또 다른 작가인 세토우치 자쿠초 씨에게 그 이야기를 하자 세토우치 씨는 "발가락은 자세히 들여다보는 일이 별로 없는데 그런 생각을 하다니, 정말 좋군요."라고 답했다고 합니다.

대수롭지 않은 일이라고 생각하겠지만 내 몸에 대한 감사와 위로를 표현하는 것은 중요한 일입니다. 우리는 자신의 몸에 거의 관심을 두지 않습니다. 아픈 곳이 없으면 더욱 그 소중함을 잊게 되지요. 그러나 몸은 나를 위해 소모되는 부속품이 아니라 그 자체로도 소중한 나 자신입니다.

하루가 끝나고 잠자리에 들 때 몸에게 "수고했어."라는 말을 걸면서 기지개를 켜거나 손발을 주무르고 목을 움직여 보세요. 이는 고독력과 무관해 보이지만, 자기 자신을 소중히 여기고 긍정적으로 생각할 수 있게 되는 꼭 필요한 일입니다.

이것만은 꼭!

- 자신의 몸에 더욱 주의를 기울입니다.
- 하루의 마무리로 자신의 몸에 말을 걸어봅니다.
- 몸을 펴고 긴장을 풉니다.

다섯 · 지친 오감 쉬게 하기

격한 운동을 한 후에는 거친 숨을 고르고 몸을 식혀 안정시켜야 합니다. 이처럼 넘쳐나는 정보 때문에 마비되거나 과민해진 우리의 오감도 똑같이 쉬게 해 주어야 합니다.

혼자만의 시간을 보낼 때 약간의 연출을 더하면 기분전환에 더욱 효과적입니다. 아끼던 예쁜 잔에 향이 좋은 차를 담아 마시며 천천히 음미해 보세요. 꽃병에 꽃 한 송이를 꽂아두는 것도 좋습니다. 은은한 향기와 좋은 음악이 더해지면 마음도 휴식을 취하게 될 것입니다.

1시간이면 마음의 휴식 시간으로 충분합니다. 이 시간만큼은 나를 재충전하는 시간이므로 싫어하는 일은 하지 않아도 됩니다.

이렇게 혼자 있는 시간을 즐겨보세요. 그러는 동안 그 시간이 하루 중에 가장 소중한 시간이 되고 삶의 버팀목이 될 것입니다.

이것만은 꼭!

- 차나 향으로 오감을 기분 좋게 하여 긴장을 풀어줍니다.
- 집안에 작은 꽃을 장식 합니다.
- 혼자만의 시간을 연출하기 위해 여러 가지 방법을 찾아봅니다.

여섯 · 자연 속에서 여유 배우기

최근에 아는 사람과 등산을 했는데, 중장년층 이외에도 다양한 연령층이 눈에 띄어 깜짝 놀랐습니다. 특히 젊은 여성들이 갑갑한 화장과 하이힐에서 벗어나 땀 흘리며 산을 오르는 모습이 참 인상적이었습니다.

요즘 도시 생활에서 얻은 피로를 풀기 위해 자연을 찾는 사람들이 많습니다. 모두 상쾌한 공기와 싱그러운 자연의 향기를 한껏 들이켜고 있노라면 일상생활에서 둔해진 감성이 되살아나는 듯한 마음을 느끼고, 이를 잊지 못해 다시 산을 찾는 것이지요.

산 정상에서 맞이하는 일출이나 일몰, 하늘을 가득 수놓은 별은 우리에게 자연의 장엄함을 가르쳐 줍니다. 또 산에서 내려오는 길에 만나는 소박한 음식들은 무엇이든 맛있지요. 시원한 약수 한 사발이면 세상을 다 가진 것처럼 마음이 풍요로워집니다.

이런 체험도 잠자고 있는 고독력을 눈 뜨게 해줍니다.

아이가 있어서 등산이 어려울 때는 교외의 공원을 찾아 피크닉 도시락을 싸 들고 외출하는 것도 좋습니다. 여러분에게도, 아이에게도 북적이는 놀이 공원에서 내내 손을 놓칠까 불안해하는 것보다 훨씬 좋은 경험이 될 것입니다.

이것만은 꼭!

- 근처 산 등 자연으로 돌아가 재충전합니다.
- 등산이 힘들면 나무가 우거진 교외의 공원이라도 좋습니다.

일곱 · 실컷 울고 웃기

주말 오후면 텔레비전에서 예능 버라이어티 프로그램이 끊임없이 이어집니다. '황금 시간대'라고 불리는 이때 사람들을 즐겁게 하기 위한 프로그램이 많이 편성된 것을 보면, 현대인들은 항상 더 큰 웃음을 필요로 하는 것 같다는 생각이 들지요.

누구든지 아이가 해맑게 웃고 있는 모습을 보고 나도 모르게 미소지었던 경험이 있었을 것입니다. 그렇게 어린아이의 웃음에는 다른 사람까지 행복하게 해주는 힘이 있습니다. 그렇다면 우리 자신을 생각해 봅시다. 가장 최근에 진심으로 활짝 웃어본 때가 언제였습니까? 예전보다 잘 웃지 않는다고 생각해본 적이 있습니까?

어른이라고 해서 감정을 겉으로 드러내지 않을 이유는 없습니다. 어린 시절로 돌아가 마음껏 웃어 보세요. 웃음은 꽉 막힌 감정을 풀어주는 훌륭한 치료법입니다.

또 반대로 슬플 때는 울기도 해야 합니다. 최근에 긍정적 사고방식이 유행하여 우는 것을 부정적인 시각으로 보는 사람도 있는데, 그건 일종의 편견입니다. 슬플 때 우는 것과 기쁠 때 웃는 것은 우리 마음을 드러내 보이는 자연스러운 행동이며 같은 의미로 작용합니다.

갑자기 큰 소리로 웃는 것이 아무래도 어색하게 느껴진다면, 개그 프로그램 공개 녹화장에 가거나 비디오 대여점에서 코미디 영화를 빌려보세요. 일부러 손수건이 꼭 필요한 슬픈 영화나 책을 보는 것도 좋습니다.

어른이라는 이유로 울고 웃는 모습을 자주 내보이지 않고 꾹 참아왔다면, 응어리진 감정을 모두 풀어내야 합니다. 있는 그대로의 자신이 되기 위해 꼭 필요한 일이니까요. 부끄러워하지 말고 마음껏 감정을 표현해보세요.

이것만은 꼭!

- 즐거울 때는 실컷 웃습니다.
- 슬플 때 우는 것은 좋은 일입니다.
- 있는 그대로의 자신이 되기 위해서는 웃고 우는 것이 모두 필요합니다.

여덟 · 내키지 않는 일은 먼저 피하기

엄마들과 마주치는 일이 내키지 않거나 귀찮게 여겨질 때 여러분은 어떻게 하시나요? 엄마의 의무라는 이유로 하기 싫은 일을 억지로 하고 있지는 않았습니까? 생각만 해도 마음이 무거워질 정도로 싫은 일이라면 일단 그만두는 것이 가장 좋습니다.

예를 들어 함께 점심을 먹자는 연락을 부드럽게 거절하거나, 아이를 데리러 학원에 가지 않는 등 사소한 일부터 시작합니다. 혹시 심한 죄책감이 느껴지거나 꼭 같이 해야 하는 일이 생겼다면 필요하다고 생각하는 만큼만 하면 됩니다. 강요가 아닌 자신의 필요에 의해 움직인다고 생각하면 귀찮은 마음도 줄어들고, 더 편안한 마음으로 임할 수 있겠지요.

말하자면 그 일에 대한 참여 여부를 개인적인 감정과 상관없이 얼마나 필요한 일인지, 꼭 해야만 하는 일인지 이성적으로 따져보는 것입니다. "뭐야, 결론이 그거야? 별것 아니잖아."라는 불평이 들려오는 것 같군요.

하지만 이렇게 생각하는 과정은 매우 중요합니다. 내키지 않는 일을 억지로 하는 것은 정신 건강상 좋지 않습니다. 어느 정도 이성적인 결단력이 필요하다는 뜻이지요.

그리고 반드시 해야 할 일이라면 그 과정에서 발생할 약간의 감정적인 소모를 각오하고 대처하는 자세도 필요합니다. 그러기 위해 약간의 사교술, 즉 남들과 관계를 맺는 방법이나 대응 방법을 익혀둘 필요가 있습니다.

> **이것만은 꼭!**
>
> - 내키지 않는 일은 하지 않습니다.
> - 스스로 필요하다고 생각하는 만큼만 합니다.
> - 내키지 않는 사람과는 최소한의 만남 이상은 관계를 갖지 않습니다.

아홉 · 착한 사람에서 벗어나기

여러분은 다른 사람들에게 '착한 사람'이라는 평가를 받습니까?

여기서 말하는 착한 사람이란 남들이 자신을 어떻게 생각하는지 지나치게 신경 쓰고 남에게 모든 것을 맞추려는 사람입니다. 착한 사람은 마음속에 불안을 안고 있어서 항상 바른 행동, 옳은 행동을 해야 한다고 생각하며 자기 자신을 지킵니다. 그런 사람의 머릿속에는 '사람들과 사이좋게 지내야 한다.', '사람들과 싸우면 안 된다.' 등 의무감에 가득 찬 생각뿐입니다.

하지만 그렇게 매일 스스로 구속하면 피곤할 수밖에 없지요. 만약 여러분이 그런 상황에 부닥쳐있다면 꼭 지켜야 한다고 생각했던 울타리를 조금 느슨하게 풀어보세요.

그렇다고 모든 의무를 하루아침에 떨쳐버릴 수는 없습니다. 평소 생활에도 문제가 생겨버릴 수 있으니까요. 그러므로 지금까지 여러분을 구속한 의무 중에서 몇 가지를 선택하여 그만두기로 다짐합니다.

예를 들어, 전화가 울리면 빨리 받아야 하고, 문자에 꼭 답해야 한다는 생각을 버립니다. 시끄러운 벨 소리를 진동이나 무음으로 바꾸고 침대 위에 내버려 두세요. 처음에는 조금 불안하겠지만, 곧 아무 일도 일어나지 않는다는 사실을 깨닫게 될 것입니다. 이런 식으로 의무감에서 벗어나면 나만의 생활 방식을 만들 수 있습니다.

내심 스트레스를 받으면서까지 항상 착한 사람이어야 할 필요는 없습니다. 내 안에 있는 '착한 사람'을 조금 쉬게 해 주세요.

> **이것만은 꼭!**
>
> - 가끔은 착한 사람에서 벗어납니다.
> - 한 가지라도 좋으니 뭔가 해야 한다는 생각을 그만둡니다.

열 · 자신의 역할에서 떠나버리기

우리는 항상 여러 역할을 동시에 수행하고 있습니다. 아내이면서 엄마일 뿐 아니라 워킹맘이라면 직장에서의 역할도 있겠지요. 전업주부들은 그나마 워킹맘이 더 낫다고 생각하기도 합니다. 아이가 태어나고 나서 호칭마저 '○○(아이 이름)엄마'로 바뀌어 버린 것에 대한 불평이지요.

누구나 그런 역할을 내버리고 원래의 나 자신으로 돌아갈 수 있다면 얼마나 좋을까 하는 생각을 해본 적이 있을 것입니다. 여러분도 엄마가 되기 전의 나, 결혼하기 전의 나, 학생 시절의 나를 회상하면 바로 '그때가 좋았지.'라는 생각이 떠오르시나요?

그렇게 생각한다면 주저하지 말고 멀리 사는 옛 친구에게 전화를 걸어 예전처럼 실컷 수다를 떨어보세요. 시간이 허락되면 함께 추억의 공간으로 여행을 떠나 마음을 터놓고 이야기하며 즐거운 시간을 가지면 더 좋겠지요. 정 어렵다면 혼자 길거리를 산책하는 것도 좋습니다.

어떤 방법으로든 원래의 자신으로 마음을 되돌리면 재충전하는 데 도움이 됩니다. 가끔은 아내나 엄마라는 역할을 잊은 채 '나'를 찾아갈 수 있는, 좋은 장소와 공간을 만들어 봅시다.

> **이것만은 꼭!**
>
> - 아내나 엄마라는 역할을 잊어버립니다.
> - 옛 친구들과 만나면 그때의 자신으로 돌아갈 수 있습니다.
> - 가끔은 혼자 외출합니다.

열하나 · 싫어하는 사람과 상대하지 말기

살다 보면 싫어하는 사람과 같이 행동해야 하는 경우가 발생합니다. 하지만 무리하게 잘 지내려 노력하지 않아도 됩니다.

누군가를 싫어한다고 해서 '나는 나쁜 사람이야.'라고 자책하지 마세요. 세상에는 수많은 사람이 있고, 모두 각자의 가치관을 갖고 있습니다. 그러므로 도무지 가치관이 맞지 않는 사람과 애써 만날 필요는 없습니다. 사귀고 싶지 않으면 사귀지 않으면 됩니다.

물론 일 때문에 얼굴을 마주해야 하는 경우도 있습니다. 그럴 때는 '이 사람은 형식적으로만 상대하자'고 정하면 됩니다. 그렇게 하면 '싫다'는 부정적인 감정을 갖지 않아도 됩니다.

싫어하는 사람에 대한 부정적인 감정을 쌓아두지 말고, 그 마음을 긍정적으로 바꾸어 마음 편히 대할 수 있는 사람과 만나세요.

편안한 사람과 함께 있으면 더욱 긍정적인 인연이 생겨 마음 편한 인간관계를 많이 맺을 수 있습니다.

> **이것만은 꼭!**
> - 싫어하는 사람은 싫다고 인정하고 무리하지 않습니다.
> - 싫어하는 사람과는 거리를 둡니다.

열둘 · 내 기분에 솔직해지기

여러분은 자신이 느끼는 감정이 어떤 것인지, 왜 생겨난 것인지 스스로 생각해본 적이 있습니까? 상대를 위해 자신의 기분을 무시해 버리는 경우는 없는지요? 하지만 우리가 느끼고 있는 감정은 덮어버린다고 해서 변하지 않습니다. 그러므로 자신의 기분을 제대로 이해해야 합니다. 자신이 무엇에 기분 좋게 느끼고 어떤 것에 불쾌하게 느끼는지는 사람에 따라 다릅니다.

자신의 기분이나 느낌은 스스로 의식하지 않으면 의외로 알아차리기 어렵습니다. 한 실화를 예로 들어볼까요?

집안에서는 성격이 밝았지만, 사람들과의 만남을 두려워 해서 집 밖으로 한 발짝도 나가지 않는 한 여성이 있었습니다. 그녀는 자신이 집에 틀어박힌 후 친한 친구가 자신의 연락을 잘 받지 않고 그녀를 피하자 배신감을 느끼고 미워하기 시작했습니다. 그런데 몇년 후, 다른 친구로부터 그 친구가 결혼했다는 소식을 전해 듣자 자기도 모르게 소리 내어 엉엉 울었습니다. 결혼한 친구에 대한 서운함과 그리움, 그리고 미안함이 섞인 눈물이었지요. 사실은 수 년 동안 원망해온 그 친구를 여전히 좋아하고 있었음을 그제서야 깨달은 것입니다.

이야기 속의 여성은 친구를 좋아하면서도 그 상황때문에 억지로 원망하려 했습니다. 그린 모순된 감정 때문에 결국 스스로 마음의 문을 닫아버렸지요.

자신의 감정을 상황에 맞추려 하기보다 스스로 판단하고 받아들일 줄 알아야 합니다. 어쩌면 우리가 사람들과 만나고 대화를 하는 것도 서로 오가는 질문과 답, 생각을 거울삼아 자신을 바로 보고 진실한 모습을 찾고자 노력하는 과정이 아닐까요?

이것만은 꼭!

- 자신이 느낀 점을 받아들입니다.
- 자신의 기분을 직시하고 제대로 이해합니다.

당당하고 멋진 나를 위해

지금 당장 실천에 옮겨라

지금까지 소개한 열두 가지 방법은 모두 곧장 행동으로 옮길 수 있는 쉬운 것들입니다. 우선 기분을 좋게 만들어 마음을 편하게 만드세요. 그리고 머리를 비운 후에 불쾌한 기분이 들지 않도록 하고 발상을 전환합니다.

이 방법대로 하면 반드시 고독력이 길러집니다. 고독력이 있으면 인상부터 바뀝니다. 스스로에게 자신감이 생기고 자기 자신이 납득할 수 있는 하루하루를 알차게 보내면 생활 방식도, 행동도 활기차게 변합니다.

싫어하는 일을 하고 있으면 표정도 점점 어두워지고 지겨운 생활을 계속하면 스트레스가 쌓입니다. 얼굴에는 그 사람이 자신의 삶을 얼마나 즐기고 있는지 고스란히 나타납니다. 엄마가 즐거운 얼굴을 하고 있으면 자연스럽게 아이의 얼굴색도 밝아지겠지요.

자신의 기분에 솔직하고 활기차게 생활하는 사람은 지금보다 더 아름다워질 것입니다. 사람들과 만나면서 무리하게 자신을 압박하지 말고 자유로운 발상을 마음껏 펼치세요. 이를 위해서 자신을 구속하는 외적 상황이나 자기 내면에서 벗어나야 합니다.

그런 생활에 익숙해지면 다른 사람에 대한 소문이나 비판에 왈가왈부하는 일도 줄어듭니다. 그런 일보다 자기 자신만의 즐거운 세계를 지켜나가는 것이 중요하다는 사실을 알게 되기 때문입니다. 어디까지나 나는 나고, 남은 남이라는 생각을 해야 합니다.

그러면 사람들의 따뜻한 행동에 감사하고 솔직한 감정을 드러낼 수 있습니다. 또한, 새로운 발상으로 자신이 지금 처해 있는 상황에서 더 기분 좋게 지낼 방법이나 해결책도 생각할 수 있습니다.

Part 5
소중한 아이에게 엄마의 고독력을 물려줘라

엄마와 아이의 커뮤니케이션

고독력을 잃어버린 부모들

요즘 아이를 키우는 일이 힘들다고 고민하는 부모가 늘어났다고 합니다. 제가 아는 사람도 아이가 예쁘지 않다, 아이를 어떻게 대해야 할지 모르겠다고 고민하는 경우가 꽤 있습니다. 그뿐 아니라 뉴스를 보면 육아를 포기한 부모나 아이를 학대하여 죽음으로 몰고 간 부모가 보도되는 일도 많아졌습니다.

하지만 오랜 역사 속에서 지금만큼 아이들을 소중히 여기는 시대도 드물 것입니다. 요즘 아이들은 각자 방을 갖고 자기 소유의 휴대전화나 게임기를 갖고 있으며 비싼 옷을 입고 고가의 장난감을 갖고 놀지요. 부모는 아이가 갖고 싶어 하는 것은 무엇이든 사 줍니다. 아이들은 자신을 위한 왕국의 어린 왕자님 같습니다.

육아를 포기하고 폭력을 행사하는 부모 밑에서 자란 아이들과 원하는 것은 무엇이든 사 주는 부모 밑에서 자란 아이들. 이들은 모두 같은 시대, 같은 사회에서 살아가는 아이들입니다. 다른 세상에서 태어난 아이들 같지만, 거기에는 똑같은 문제가 감추어져 있습니다.

물론 육아를 포기하거나 아이를 학대하는 데 비하면 아이가 갖고 싶어 하는 물건을 다 사주고 자유롭게 자랄 수 있도록 하는 것이 낫지요. 하지만 그런 아이들이 과연 마음속으로도 만족하고 있을까 하면 그렇지도 않습니다.

그것은 최근에 빈번히 일어나는 사건이나 범죄에서 알 수 있습니다. 명문대에 재학 중인 대학생이 범죄를 저지른 뉴스를 접한 사람들은 모두 "그렇게 좋은 집안에서 열심히 공부한 아이가?!"하며 깜짝 놀랍니다.

요즘 아이들 대부분은 항상 마음속에 물질적인 것으로 채울 수도 없고 스스로 해결할 수도 없는 욕구를 안고 고민합니다. 그것은 매우 고통스러운 일입니다. 왜 그런 문제가 생겼을까요?

한마디로 부모가 커뮤니케이션 능력이 없기 때문입니다. 육아

포기나 아동 학대는 부족한 커뮤니케이션이 원인이며, 무엇이든 사주고 항상 관심을 쏟는 애정 방식은 과잉 커뮤니케이션이 원인입니다. 이런 원인은 이 책의 첫 부분에 이야기했듯이 스스로에 대한 자신감이 없고 자기 자신을 긍정할 수 없는 마음에서 생긴 것입니다. 즉, 부모들이 고독력을 잃어버렸기 때문입니다.

고독력 없는 엄마가 아이의 고독력을 빼앗는다

여러분은 아이와 커뮤니케이션을 잘 하고 있습니까?

많은 사람이 "부모 자식 사이에 커뮤니케이션이 안 될 리가 없잖아?"라고 생각할 것입니다.

하지만 여러분은 오늘 온종일 아이에게 무슨 말을 했나요? "빨리 해!"라든가 "너 자꾸 엄마 곤란하게 이럴 거야?", "누구누구는 벌써 다 했다는데!"라는 말만 하고 있지 않습니까? 이런 말들은 커뮤니케이션이 아니라 일방적인 평가입니다.

여러분은 커뮤니케이션을 한다고 생각하지만 아이는 평가받고 있다고 느낍니다. 이런 일이 반복되면 아이는 항상 평가에 신경을 쓰고 부모나 남의 눈치를 보면서 생활하게 되지요. 결국, 아이는 고독력을 잃어버립니다.

아이들은 고독력을 타고난다

원래 아이에게는 고독력이 넘칩니다. 부모는 아이가 이 힘을 충분히 발휘하도록 도와주어야 합니다. 그렇게 하면 아이는 혼자서도 잘할 수 있다는 자신감을 느끼고 성장합니다. 스스로 긍정할 수 있는 아이는 다른 사람도 인정할 수 있고 사람들과 능수능란하게 커뮤니케이션을 할 수 있습니다.

부모라면 누구나 우리 아이가 자신감 있는 아이로 자랐으면 좋겠다고 생각하지요. 부모에게 고독력이 있으면 안 될 것도 없습니다. 고독력은 본래 인간이 갖고 태어난 힘입니다. 그러므로 여러분도 고독력을 되찾아서 자신 있게 아이와 커뮤니케이션을 잘 할 수 있습니다.

그래도 부모 입장에서는 아이를 보고 있으면 걱정을 안 하려야 안 할 수가 없지요. 예를 들어 두 살짜리 아이 둘이서 서로 손을 때리거나 옷을 잡아당기고 있었습니다. 그 모습을 본 한 아이의 엄마가 "왜 그러니? 때리면 못 써!"라고 혼냈습니다. 그 엄마로서는 아이들끼리 서로 때리는 모습을 싸운다고 생각한 것입니다.

이는 그 나이대의 아이에게서 흔히 볼 수 있는 행동이며 그 아이가 자기 이외의 외부 환경과 타인에게 관심을 두게 되었다는 뜻입니다. 그런 행동을 어른의 잣대로 생각하여 못하게 하면 아이의 발달은 멈추게 됩니다.

또 유치원에서 혼자 뭔가에 집중하는 아이를 보고 '다른 아이들은 다 같이 놀고 있는데 우리 아이는 왜 혼자 있지?'라고 불안해하는 엄마도 있습니다. 그러나 아이에게 "다른 친구들과 안 놀고 혼자 뭐 하니?"라고 말하면 아이는 큰 충격을 받게 됩니다. 아이는 혼자 노는 것이 나쁘다고 생각하지 않는데 엄마가 갑자기 다그치듯 말하니 자신이 뭔가 잘못했다고 생각하는 것입니다.

엄마 입장에서는 '혼자 논다=고독=나쁜 것=사회에서 적응하지 못하는 것'이라고 생각하여 불안해하지만, 그것은 고독력이 부족한 어른의 생각입니다.

아이는 만 세 살 정도가 되면 띄엄띄엄하게나마 한두 시간 동안 아무렇지 않게 그림 그리기나 블록 놀이에 집중할 수 있습니다. 그런 행동은 아이가 성장하고 있다는 뜻인데 그것을 도중에 제지하면 아이의 마음은 더 이상 자라지 못합니다.

아이를 키우다 보면 예상치 못한 행동에 '이 아이는 왜 이럴까?'

하고 생각하게 되는 경우가 얼마든지 있습니다. 그때마다 어른의 눈높이로 판단하면 안 됩니다. 걱정된다고 도와주는 것이 오히려 아이의 고독력을 빼앗는 셈입니다. 자기 아이가 다른 아이들과 조금 달라도 너무 걱정할 필요는 없습니다.

그럼 이번에는 연령에 따른 아이의 성장과 커뮤니케이션 능력 발달의 모습에 대해 살펴보겠습니다.

아이의 성장과 커뮤니케이션

생후 6개월까지 · 외부 세계와 연결한다

이 시기에 아이는 눈과 귀로 주위의 세계를 인지하기 시작합니다. 또 웃고 우는 등 표정을 바꾸고 몸을 움직여 자신의 욕구를 표현합니다.

즉, 아이가 자신을 외부 세계와 연결하는 때가 이 시기입니다. 그러므로 부모는 아이가 나타내는 다양한 욕구에 응해주며 부모가 먼저 말을 걸어 적극적으로 움직이도록 해야 합니다. 그러면 아이와 부모 사이에 정서적인 끈이 생깁니다. 이 끈이 고독력을 뒷받침하고 자기 자신을 인정하며 남을 사랑하고 신뢰하는 힘으로 발전합니다.

한 살 · 주위 세계를 인식한다

아이는 6개월이 지난 무렵부터 사람들의 얼굴을 알아보기 시작합니다. 그것은 주위의 세계를 인식하게 되었다는 증거입니다. 주위의 세계에 대한 관심도 많아지고 엄마와 아빠 등 가까운 어른의 행동을 흉내 내거나 몸을 만지며 적극적으로 관계를 갖습니다.

이 시기에 아이는 모든 것이 첫 경험입니다. 어른이 말을 걸거나 격려하며 주위의 세계에 대한 아이의 관심을 응원해 주면 아이는 어른과 강한 신뢰 관계를 쌓을 수 있고 스스로에게 자신감을 가질 수 있습니다.

두 살 · 주위 세계를 체험한다

하루하루가 새로운 발견이라고 해도 과언이 아닌 시기입니다. 아이는 주위 세계에 대해 더 많은 관심을 보이고 거기서 체험한 감동과 기쁨을 엄마와 아빠 등 어른에게 전하며 함께 느끼려고 합니다. 이런 아이의 욕구에 응해주면 아이는 자신의 힘을 더욱 발휘하고 자기 자신을 긍정하며 자신감을 갖게 됩니다.

뭐든지 자기 혼자 하려고 하는 것도 이 시기입니다. 그러나 신체적인 능력이 따르지 않아 좌절하고 짜증을 내거나 어른에게 반항하는데 이것도 아이가 순조롭게 성장하고 있다는 증거입니다.

세 살·자립심과 사회성이 나타난다

지금까지 엄마와 아빠 등 주위 어른에게 많이 의지했던 아이도 이 시기부터는 혼자 행동합니다. 친구와의 관계도 중요하게 생각하며 친구와 물건을 나누어 갖거나 놀이터에서 순서를 지킬 줄 알게 됩니다.

이 시기에 친구와 함께 놀다 보면 아이는 사회성도 기르고 남을 이해하는 법도 배웁니다. 그러나 같이 논다고 해도 각자 자신의 틀 안에서 노는 병행 놀이가 많으므로 그런 모습을 보아도 사회성이 떨어지는 것은 아닐까 걱정할 필요는 없습니다.

네 살·자신과 타인을 구별하고 비교한다

이 시기에는 나와 남의 구분이 확실합니다. 남을 유심히 관찰할 수 있게 되면서, 나와 남을 비교하거나 남들이 보는 나에 대해서도 의식합니다. 지금까지처럼 순진하게 행동하지 않을 때도 있습니다. 또 '~를 위해 ~를 해야지.'라고 예상하며 행동하면서 자신이 생각한 대로 되지 않으면 어떡하나 하는 불안을 느끼기도 합니다. 아이의 이런 마음을 잘 파악하고 때로는 격려해 주세요. 그러면 아이도 남을 배려할 줄 알게 됩니다.

다섯 살 • 사회성을 익힌다

한 가지 목표를 향해 친구와 행동하는 때가 이 시기입니다. 아이는 집단에서 역할을 맡기도 하고 결정된 사항을 지켜야 한다는 사실도 알게 됩니다. 사회생활에 필요한 남을 용서하고 인정하는 힘도 기릅니다. 친구와 싸워도 스스로 해결하려고 합니다. 또 남을 도와야겠다고 생각하는 것도 이 시기부터입니다. 자신과 주위 사람의 관계를 파악하고 자신의 존재에 자신감을 갖게 됩니다.

여섯 살 • 하고 싶은 일이 많아진다

아이의 몸과 마음 모두 힘이 넘치는 시기입니다. 아이의 마음속에는 이것 저것 하고 싶다는 욕구가 점점 커집니다. 이것은 지금까지 다양한 체험을 통해 '나는 이런 일을 할 수 있다.', '이번에는 이런 일을 해 보자.'라는 자신감과 욕구가 생겼기 때문입니다. 친구와 같이하는 놀이도 오랫동안 할 수 있습니다. 그래서인지 어른의 말에 따르기보다 자신이나 친구의 기분을 중요하게 생각합니다.

그러나 어른스러워졌다고 해도 부모에게 어리광을 피울 때가 있습니다. 이것은 아이가 성장하면서 잠깐의 휴식을 취한다고 생각하면 됩니다. 부모가 아이의 기분을 받아들여 주면 아이는 안심하고 앞을 향해 나아갈 수 있습니다.

고독력 있는 아이, 고독력 없는 아이

고독력 있는 아이란?

고독력이 있는 아이가 어떤 아이인지 모르겠다고 하는 사람이 많을 것입니다. 혼자 방에 처박혀 게임을 하는 아이나 사교성이 없는 한 마리의 늑대 같은 아이를 상상할지도 모르겠네요.

고독력은 운동 신경이나 음악적 재능 같은 특정 능력은 아니기 때문에 확실하게 파악하기 어렵습니다. 고독력은 인간이 태어나면서부터 타고난 힘이며, 자신을 스스로 지탱하는 능력이기 때문입니다.

아이가 '남의 힘을 빌리지 않아도 스스로 할 수 있다. 나 혼자 해

보자.'라고 자신을 믿고 긍정하며 앞으로 나아갈 수 있는 힘이 고독력입니다.

어떤 초등학교 교장 선생님이 해 준 이야기를 예로 들어 고독력이 있는 아이에 대해 생각해 보겠습니다.

"어느 날 아침, 학부모로부터 전화가 왔습니다. 용건을 들으니 그 어머니가 깜빡하고 아이에게 도시락을 싸 주지 못했는데 도시락을 대신 준비해줄 수 있느냐는 이야기였습니다. 아이의 담임선생님에게 그 이야기를 전하자 '○○는 도시락이 있습니다.'라고 하더군요. 저는 '그럼 걱정하지 않아도 되겠군요.'라고 말하고 이야기를 끝냈습니다.

그리고 그날 점심시간에 아이가 운동장에서 뛰노는 것을 발견하고 갑자기 아침의 일이 떠올라 도시락에 대해 물어보았습니다.

'너 오늘 도시락 안 갖고 왔다며?'

'아니요, 가져왔어요.'

'너희 어머니가 아침에 도시락을 못 챙겨주셨다고 전화하셨어.'

그러자 아이는 자랑하듯 이렇게 말했습니다.

'제가 직접 도시락을 만들어 왔어요. 엄마가 도시락 싸는 걸 항상 지켜봐서 오늘은 제가 흉내를 좀 내봤죠. 엄마는 저녁 늦게 퇴근해서 아침에는 늘 피곤해하시거든요. 그래서 제가 대신 만들었

어요. 제가 만든 도시락도 맛있던데요?'

아이의 이야기를 듣고 그 어머니에게 전하자 '그러고 보니 도시락 통이 없네요.'라며 놀라워했습니다.

나중에 학부모 회의에서 만난 아이의 어머니는 '우리 아이가 그렇게 할 수 있다고는 생각도 못 했어요.'라고 했습니다. 미처 알지 못했던 아이의 모습을 보고 감동하는 어머니의 기분이 얼마나 좋을까 생각했지요. 이처럼 아이는 부모가 생각하는 이상으로 무엇이든 할 수 있습니다."

일 때문에 피곤한 엄마를 이해하고 스스로 도시락을 만든 이 아이의 이야기에서 저는 '고독력이란 이렇게 생각지도 못한 감동을 주는구나'라고 생각했습니다.

이번에는 제가 실제로 본 것을 이야기하겠습니다.

최근에는 초등학교에서도 봉사 활동을 의무화하는 등 배려와 봉사 정신을 기르기 위한 노력이 활발히 이루어지고 있습니다. 그럼에도 전철이나 버스의 노약자를 거들떠보지도 않고 자리에 앉아있는 아이들이 많습니다. 저는 그럴 때 되도록이면 자리를 양보하지만 조금 부끄럽다고 생각한 때도 있습니다. 아이들도 그럴 것입니다. 양보하는 것이 좋은 일인 줄은 알지만, 친구들이 '뭐야, 혼자 착한 척하고.'라고 생각할까 봐 웬만하면 양보하지 않습니다.

하지만 얼마 전 버스에서 본 아이는 달랐습니다. 밤 9시가 넘은 시간에 학원에서 집으로 가던 그 아이는 친구들과 자리에 앉아 시끌벅적하게 이야기를 하고 있었습니다. 그때 한 할아버지가 힘겹게 버스에 올라탔는데, 그 모습을 본 아이는 얼른 일어나 자리를 양보했습니다. 같이 있던 친구도 그 아이를 따라 자리에서 일어났지요. 그러고는 모두 아무 일도 없었다는 듯이 계속 즐겁게 이야기를 나눴습니다. 저는 속으로 '잘 배웠군.' 하고 감동했습니다.

좋은 일인 줄은 누구나 알지만 친구들과 함께 있으면 부끄러워서 실천하기 어려울 법도 한데 그 아이는 그렇지 않았습니다. 이것도 고독력이 있는 아이의 예라고 할 수 있습니다.

고독력 없는 아이는 잘 놀지도 못한다

그럼 고독력이 없는 아이는 어떨까요? 어떤 유치원 선생님이 유치원에서 있었던 일을 이야기해 주었습니다.

"점심시간에 도시락에 손을 대지 않고 계속 바라보던 아이가 있었어요. '왜 그러니?'라고 물으니 아이는 젓가락을 떨어뜨렸다고 했습니다. '그럼 주우면 되잖아?'라고 하자 '엄마가 항상 주워 줬

는걸요.'라고 하더라고요. 집에서는 엄마가 주워 주지만 평생 부모가 아이를 돌봐줄 수는 없잖아요? 부모는 아이가 말하지 않아도 알아서 해 주지만 남들은 그렇지 않아요. 그렇게 키워서는 곤란하죠. 요즘 스스로 무엇을 해야 하는지도, 무엇을 할 수 있는지도 모르는 아이가 늘고 있답니다."

고독력이 없는 아이의 큰 특징은 커뮤니케이션을 못한다는 것입니다. 부모와 자식 간의 좁은 관계에서 부모가 뭐든지 해 주기 때문일까요? 하지만 이런 식으로 계속 가다가는 어른이 되고 나서 남들과의 커뮤니케이션 때문에 고민하고 과잉 커뮤니케이션에 빠져버릴지도 모릅니다.

고독력이 있는지 없는지는 아이를 아무것도 없는 자연 그대로의 상태에 두면 금방 알 수 있습니다. 공이나 놀이 도구가 없으면 이러지도 저러지도 못하고 시시하다는 표정으로 우두커니 서 있기만 하는 아이가 있지요. 그런 아이는 야구를 할 때 공도 없고 방망이도 없으면 불평을 터뜨리기만 합니다. 아무 것도 하지 못하는 아이는 상상력, 즉 창조력이 없습니다.

아이는 놀이의 천재이므로 필요한 도구는 주위에서 찾아서 만들 수 있습니다. 방망이가 필요하면 방망이 대신에 나무를 찾아올 것입니다.

뭔가를 만들어낼 때 '혼자 해 보자, 나라면 할 수 있어!'라는 자신감이 있으면 무엇이든 만들어낼 수 있습니다. 고독력은 그런 자신감을 키워줍니다. 창조력이 없는 아이는 고독력이 없습니다.

고독력 있는 아이와 없는 아이

그럼 구체적으로 고독력이 있는 아이와 없는 아이는 어떤 아이인지 간단하게 소개하겠습니다.

고독력이 있는 아이
- 집중력이 있다
- 감동할 수 있다
- 뭐든지 스스로 하려고 한다
- 스스로 놀이를 생각해낸다
- 남을 배려한다

고독력이 없는 아이
- 참을성이 없다

- 항상 불안해한다
- 스트레스를 느낀다
- 말을 분명하게 하지 못하고 자기주장이 없다
- 항상 친구들에게 붙어있다
- 자기중심적이다

이상 언급한 특징은 대략적인 기준이므로 이것만 보고 단순하게 아이에게 고독력이 있는지 없는지는 판단할 수 없습니다. 고독력이 없는 아이의 항목 중에 자기 아이에게 해당하는 사항이 있다고 해서 '어떡하지?', '무슨 방법이 없을까?'하고 아이를 들들 볶으면 오히려 역효과가 납니다. 그럼 어떻게 하면 좋을까요?

엄마가 아이의 고독력을 빼앗는다?

틀에 박힌 육아 방식

최근에 집 근처에 유기농 식품 가게가 생겨서 호기심에 들렀습니다. 유기농 식품이라고 선전하는 만큼 채소들도 옛날처럼 크기와 모양이 제각각이겠지 했는데 뜻밖에도 자로 잰 듯 나란히 진열되어 있었습니다. 가게 주인에게 물어보니 크기와 모양을 잘 정리해 두어야 손님들이 좋아한다고 했습니다.

유기농 식품에 관심 있는 사람도 이런 실정이니 근처 일반 마트에서 크기와 모양이 같고 윤기가 흐르는 채소가 진열되어 소비자를 유혹하는 것은 당연했습니다.

채소를 들어 올려 살펴보고 있으니 요즘의 육아 방식도 이와 비슷하다는 생각이 들었습니다. 크기와 모양이 같은 마트의 채소처럼 우리는 오랫동안 아이들을 획일적으로 키운 것 같습니다.

어떤 선생님이 이런 이야기를 해 주었습니다.

"우리는 아이를 키울 때 큰 실수를 합니다. 엄마들은 육아 정보가 있으면 아이를 잘 키울 수 있다고 생각하지요. 하지만 그 육아 정보가 마치 표준 규격인 것처럼 여기게 되었습니다. 그 정보에 끼워 맞추듯 아이를 키우면서 아이를 틀에 가둬두고 그걸 올바른 육아라고 생각하는 부모가 늘어났어요."

틀에 가둔다는 말은 조금 과장된 것일 수도 있지만 분명 그 선생님의 주장은 수긍이 갑니다. 나름대로 아이를 잘 키우고 있는 것 같아도 실은 규격품을 만들듯이 아이를 키우는 부모가 의외로 많습니다.

말하자면 육아 정보가 아이들의 고독력을 빼앗는 방식으로 작용하고 있는 것입니다.

여러분은 아이가 고독력을 충분히 발휘할 수 있도록 키우고 있습니까? 이제부터는 어린이집, 유치원, 초등학교 등 현장 경험이 풍부한 선생님의 이야기를 토대로 엄마들의 '나쁜 예'를 소개하도록 하겠습니다.

뭐든 도와주는 엄마

"요즘 오버하는 엄마들이 너무 많아요. 옷을 고르고 신발을 신는 것처럼 사소한 일도 아이에게 가르치지 않고 뭐든지 엄마가 해 주니 아이는 인형처럼 앉아있기만 하지요. 그런 아이는 유치원에서도 마찬가지로 누군가가 해 줄 때까지 마냥 기다립니다. 또 수저를 깜빡 잊고 가져오지 않았을 때도 엄마가 잊어버려서 못가져 왔다고 합니다. '내가 잊어버렸다.', '내가 실수했다.'라는 생각을 아예 하지 않아요."

엄마가 무엇이든 아이 대신 해 주는 것은 아이의 능력이 부족해서가 아니라, 엄마의 인내심이 부족하기 때문입니다. 아이가 하는 것보다 엄마가 하는 게 빠르고 편한 건 당연한 일이지요. 하지만 그렇게 하면 아이는 영영 자립심을 기를 수 없습니다.

아이의 이야기를 듣지 않는 엄마

"친구들과 미용실 놀이를 하다가 자기 머리카락을 자른 여자 아이가 있었어요. 아이가 집에 갔는데 그 모습을 본 엄마가 '너 머리가 왜 그래?'라며 화를 냈지요. 아이가 답할 새도 없이 엄마는 '누가 잘랐어?'라고 다그쳤고 겁에 질린 아이는 '친구가 잘랐어.'라고 거짓말을 했습니다. 그 엄마는 곧장 유치원에 찾아왔고 결국 자초지종을 알게 되었지요. 저는 '아이가 솔직하게 말하지 않았다고 화내지 마세요.'라고 이야기했지만 그 아이는 늘 혼나는 것처럼 남의 눈치를 보며 벌벌 떠는 일이 자주 있어 걱정스러웠어요."

아이에 관한 일에 즉시 반응하는 엄마는 아이의 이야기에 귀를 기울여주지 않는 경향이 있습니다. "엄마, 있잖아……."라고 아이가 말을 걸어도 무시하고 엄마가 하려던 질문을 하거나 잔소리를 늘어놓습니다. 엄마가 자신의 이야기를 들어주지 않는다고 느끼는 아이는 점점 대화하는 것을 포기해버리고 말지요.

아이의 교우 관계에 참견하는 엄마

"엄마끼리 사이가 나빠지면 아이에게 '○○랑 놀지 마!'라고 하는 엄마가 있어요. 물론 아이는 처음에는 엄마의 말을 듣지만 금방 잊어버리고 같이 어울려 놀지요. 하지만 아무리 아이들끼리 사이가 좋더라도 엄마들은 서로 생일파티에도 초대하지 않습니다. 아이들끼리는 사이가 좋은데 참 안됐지요. 어른들의 관계 속에 아이가 휘말리지 않았으면 하는 경우가 자주 있어요."

아이는 부모의 행동을 보고 따라 하며 배웁니다. 어릴 때부터 이런 엄마의 모습을 보고 자란 아이가 장래에 어떤 인간관계를 맺을지 심히 걱정됩니다.

다른 아이와 비교하는 엄마

"요즘 엄마들은 자기 아이를 다른 아이와 비교합니다. 그것도 꼭 다른 아이의 장점과 자기 아이의 단점을 비교하지요. 그러고나서 멋대로 '우리 아이는 너무 부족한 부분이 많아. 빨리 따라잡아야 할 텐데.'라며 조급하게 생각합니다. 머릿속에 주위 아이들의 장점만 짜깁기한 슈퍼맨 같은 아이를 만들어두고 자기 아이와 비교하니 그럴 수밖에요.

또 어떤 아이가 수영을 잘한다고 하면 수영교실에 보내고, 다른 아이가 그림을 잘 그린다고 하면 미술학원에도 보냅니다. 아이가 원하지 않는데도 말이에요. 아이를 가장 잘 아는 엄마가 직접 가르치지 않고 남에게 맡기면서, 자기 아이가 다른 아이보다 월등히 뛰어나지 않으면 만족하지 않아요."

제가 어렸을 때도 '옆집의 ○○에 비하면 너는…!'이라는 말을 자주 듣긴 했지만, 요즘 엄마들은 아이의 우열에 과도하게 신경을 쓰는 것 같습니다.

이 네 가지 엄마 유형을 보고 여러분은 무슨 생각을 했습니까? 세상 어떤 엄마도 아이를 망치려고 하지는 않습니다. 하지만 결국 아이에게 좋지 않은 영향을 주는 것도 엄마입니다. 엄마의 이런 행동은 아이의 고독력을 점점 빼앗아버리고 말 것입니다. 그러므로 엄마들도 인내력을 길러 참견하지 않고 천천히 아이를 지켜보는 여유를 가져야 합니다.

아이에게 고독력을 물려줘라

아이의 자존감을 키우는 엄마의 고독력

지금까지 엄마가 고독력을 갖추지 않으면 아이도 고독력을 갖지 못한다는 점에 관해 이야기했습니다. 하지만 엄마의 '나쁜 예'만 언급해와서 '모두가 그러는데 나라고 별수 있나.'라고 생각하진 않을까 우려가 되는군요. 그래서 이번에는 엄마의 '좋은 예'를 소개해볼까 합니다.

초등학생 두 명이 있습니다. A와 B는 사이좋은 단짝이었는데, A는 손꼽히는 우등생이었던 반면 B는 성적이 나쁜 편이었습니다. 주위 엄마들은 B의 엄마에게 B 때문에 A가 덩달아 성적이 떨어지면 어떡하려고 그러냐며 호들갑을 떨었습니다. 말도 안 되는 걱정이지만 B의 엄마는 그 말이 신경 쓰이기도 하고 조금 자존심 상하기도 해서 아이에게 더는 A와 어울리지 말라고 했습니다. 그리고 A의 엄마에게도 "우리 아이가 A에게 폐를 끼친다면서요. 정말 죄송합니다."라고 사과했습니다. 하지만 A의 엄마는 오히려 "우리 아이가 누구와 놀든 그건 아이 마음이에요. 그런 일로 신경 쓰지 마세요."라며 손을 내저었습니다.

이 이야기를 보면 A의 엄마는 친구를 고르는 자기 아이의 안목을 믿고 있다는 사실을 잘 알 수 있습니다. 그런 엄마 밑에서 자란 A는 마음이 풍요로울 것입니다. 그러나 B의 엄마는 남의 시선에 신경 쓰느라 아이에게서 친구를 빼앗을 뻔 했습니다.

아이는 자신을 신뢰해주는 사람이 있을 때 스스로 자신감을 갖고 인생의 출발선에 설 수 있습니다. 그렇게 해줄 수 있는 사람은 오직 부모뿐입니다.

부모는 아이의 거울

마음이 담기지 않은 형식적인 행동으로는 아이에게 부모의 마음을 전할 수 없습니다. 아이를 믿는 척하면서 아이가 무엇을 하고 있나 하나하나 감시하면 안 됩니다. 아이는 엄마를 유심히 관찰하고 있으니까요.

엄마가 소신을 갖고 그에 따라 살고 있는지, 아니면 다른 사람에게 의존하기만 하는지 아이는 모두 알 수 있습니다. '아이는 아버지의 뒷모습을 보며 자란다.'는 말이 있지만, 이것은 아빠뿐 아니라 엄마에게도 해당합니다. 아니, 일반적으로 아이는 아빠보다 엄마와 같이 있는 시간이 많으므로 엄마의 뒷모습을 보고 자란다고 해도 좋을 것입니다. 특히 만 6세까지의 아이는 부모의 모든 것을 흡수하여 성장하므로 더욱 주의해야 합니다.

부모라면 누구나 아이의 사소한 행동이나 말투에서 자신의 모습을 발견하고 놀란 적이 있을 것입니다. 아이는 부모의 행동뿐 아니라 감정이나 생각 등의 내면도 모방하고 배웁니다.

예를 들어 아이와 함께 등산을 갔다고 합시다. 여러분이 웅장한 산의 모습이나 푸릇한 나무들, 맑은 하늘을 보고 감동하면 그 감정은 아이에게 전해집니다. 아이는 여러분의 감정을 모방하며 '자연은 이런 감동을 주는 곳이구나.'하고 생각합니다.

반대로 여러분이 남의 험담을 할 때 아이는 그때의 기분을 모방합니다. 엄마가 인간관계에 스트레스를 느끼면 아이도 똑같이 스트레스를 느끼고 그 사람을 싫어하게 됩니다.

'아이는 부모의 눈으로 보고 부모의 귀로 듣고 부모의 몸으로 느낀다.'는 말이 있습니다. 저는 이 말을 들었을 때 묘한 생각이 들었습니다. 부모의 존재가 아이에게 얼마나 중요한지 잘 나타나 있기 때문입니다.

여러분에게 고독력이 없으면 아이에게도 고독력이 없습니다. 반대로 여러분이 고독력을 갖추고 감정도 풍부하며 남을 배려할 줄 아는 사람이라면 아이도 그런 사람으로 자랍니다.

아이는 엄마의 뒷모습을 보고 자란다고 했는데, 바로 이런 의미입니다. 고독력이 있는 아이로 키우기 위해서는 우선 여러분 자신이 고독력을 가져야 합니다.

아빠의 역할과 아이의 고독력

아빠는 무엇을 해야 할까?

앞에서 아내가 고독력을 되찾기 위해서는 남편의 협조가 필요하다고 했습니다. 남편이 아내를 지원해 주면 아내는 고독력 있는 엄마가 되어 아이를 키울 수 있습니다. 남편은 간접적으로 고독력 있는 아이를 키우는 셈이지요.

그리고 아빠에게도 아이가 고독력을 기르는 데 직접 관여해야 할 역할이 있습니다.

20세기 초에 활약한 정신 분석학자인 프로이트는 무의식에 대해 정리한 사람으로 유명한데, 그의 말에 따르면 육아에서 아빠의 역할은 매우 중요하다고 합니다. 그는 아이가 부모를 각각 '자신을 따뜻하게 감싸주는 엄마, 사회의 규범을 실천하는 아빠'로 인식한다고 주장했습니다.

아이가 성장하고 어른이 되어 사회로 나아가기 위해서는 사회의 복잡한 규범을 익혀야 하는데, 그것은 아빠를 통해 배울 수 있다고 한 것입니다.

그의 주장은 충분히 일리가 있습니다. 유치원이나 초등학교 선생님의 이야기를 들어보면, 엄마와 아빠가 아이를 대하는 태도에는 상당한 차이가 있는 것 같습니다.

최근에는 수업 참관일이니 재롱잔치 때 아빠도 함께 오는 일이 많아졌는데, 이때 아이를 바라보는 관점이 엄마와 다르다는 것을 느낀다고 합니다. 엄마는 자기 아이만 보며 사진을 찍고 영상을 남기는 데 집중하는 반면, 아빠는 아이를 사회의 구성원으로서 바라본다는 것입니다. 이는 풍부한 사회 경험에서 나오는 것일지도 모르겠습니다. 여하튼 엄마들이 주로 자기 아이를 다른 아이들과 비교해보기 위해 반 전체를 살피는 것과 상당히 다른 모습입니다.

아이에게 조금이라도 무슨 문제가 생기면 엄마는 금방 나서서 도와줍니다. 하지만 아빠는 '이 녀석에게 이런 문제가 있었군. 지내다보면 차차 나아지겠지.'하고 여유를 부립니다. 아이를 자신의 소유물이 아닌 하나의 인격체로 존중해주는 것이지요.

아빠의 이런 태도는 아이에게 매우 중요합니다. 아이가 엄마와 있을 때 서로의 의견 차이로 어긋나더라도, 아빠가 여유로운 태도로 아이를 대하면 금세 안정을 되찾을 수 있습니다. 이 또한 아이가 고독력을 기르는 데 중요한 부분입니다.

물론 매일 바쁘게 일만 하고 아이와 애정을 나누지 않는 아빠는 그런 역할을 하기 어렵지요. 그런 아빠는 엄마에게 육아를 완전히 맡겨버립니다. 나중에 나서려 해도 방해하지 말라는 편잔을 듣기 일쑤지요.

하지만 아빠에게 사회의 규범을 배우지 못한 아이는 결국 자기 중심적인 아이로 자라고, 자라서도 어린아이처럼 어떻게 사회에 적응해야 할지 몰라 헤맵니다. 아이의 고독력을 위해 아빠가 어떤 역할을 해야 하는지 이제 아시겠지요?

아빠의 육아 방식

몇 년 전, 홋카이도를 여행하는데 어느 숙소에서 미국에서 온 아빠와 아들을 우연히 알게 되었습니다. 그들은 휴가를 이용해 일본

자전거 여행을 하고 있었지요. 저는 그들의 모습을 보고 많은 감동을 받았습니다.

이들은 숙소에 도착하고 출발할 때마다 자전거에서 이것저것 짐을 내리고 실어야 했지만, 그 아빠는 자신의 짐을 먼저 정리하고 아이를 바라보며 그 일을 마칠 때까지 기다리고 있었습니다. 아이도 조금 서투르게나마 혼자 묵묵히 자신의 짐을 정리했습니다.

그런 상황에 부닥치게 되면 대다수의 아버지는 아이를 도와주었을 것이고, 아이도 잠깐 혼자 하는 듯하다가도 도와달라고 말했을 것입니다. 하지만 그 미국인 부자는 달랐습니다. 그 행동에서 저는 아이에 대한 아빠의 믿음을 엿볼 수 있었습니다.

아빠가 아이를 대하는 좋은 태도는 이런 것이 아닐까요? 아이를 믿고 나서 가만히 지켜봅시다. 또 그렇게 해야 아이는 고독력을 길러 스스로 자신감을 가질 수 있을 것입니다.

고독력은 미래를 살아갈 힘이다

우리에게 지금 가장 부족한 것은 무엇일까요? 앞에서도 여러 차례 언급했던, 바로 자기 자신에 대한 믿음입니다.

우리는 매일 바쁘게 움직이고 사람들과 많은 대화를 하며 하루하루를 보냅니다. 그러나 그 중 몇 명이 자신 있게 '나는 나야. 나는 이 정도로 충분해.'라고 이야기할 수 있을까요?

최근에 '힐링 열풍'이라는 말을 자주 들을 수 있었습니다. 그만큼 많은 사람들이 스스로에게 자신감을 잃은 것입니다. 모두 누군가에게 "너는 그걸로 충분해. 괜찮아, 잘했어."라는 말을 듣고 싶어 하나 봅니다.

우리는 왜 이렇게 자신감을 잃은 것일까요? 이는 각자 자기 자신에 대해 직시하지 않았기 때문입니다.

지금까지 우리는 다른 사람들과 함께 어울리는 것이 좋다고 생각했습니다. 고독은 나쁜 것이라고 생각하고 두려워했지요. 그래서 집 안에서나 밖에서나 착한 사람처럼 보이려고 노력했습니다. 어른만 그런 것이 아닙니다. 엄마들은 아이들도 그렇게 하도록 가르쳤습니다.

이제까지는 그래도 괜찮았습니다. 경제 성장과 풍요로운 사회를 위해 열심히 살아온 시대에는 그렇게 하는 것이 좋았기 때문이지요. 하지만 지금은 사회가 다시 바뀌고 있습니다. 이제는 가파른 경제 성장도 기대하기 어렵지요.

앞으로는 자기 자신을 성숙하게 가꾸고 주체적으로 사는 것이 가치 있는 일이 될 것입니다. 그렇게 되기 위해서는 고독력이 필요합니다.

남들과 함께 있는 것이 나쁘다는 뜻은 아닙니다. 어느 정도 사교성을 익혀야 사회생활을 하기에 편합니다. 하지만 그렇게 하려면 쓸데없는 문제에 휘말리지 말아야 합니다. 고독력이 없으면 금세 또 커뮤니케이션 때문에 고민에 빠지고 말 것입니다.

본래 인간은 고독한 존재이고, 이 때문에 외로움을 느낍니다. 하지만 이에 맞서면 더 풍요로운 인생을 보낼 힘이 생깁니다.

제가 좋아하는 프랑스의 철학자 알랭(Alain)은 다음과 같이 말했습니다.

"인간은 결코 고독하지 않다. 인간은 누구나 자기 안에 또 다른 자신을 갖고 있다. 거기에 가만히 귀를 기울여보고 말을 걸어보자. 그러면 또 다른 자신이 어느새 대화할 수 있는 스승도 되고 친구도 되어 당신의 인생을 풍요롭게 해 줄 것이다."

고독력이란 나를 응원해 주고 이끌어 주는, 또 다른 나를 발견하는 힘입니다. 고독력은 미래를 살아가기 위해 어른뿐 아니라 아이에게도 반드시 필요한 힘입니다.

고독력으로 풀어보는 육아 Q&A

여기에는 젊은 엄마들이 겪는 육아에 대한 고민과 고독력을 통해 살펴보는 답을 엮어두었습니다. 말하자면 고독력으로 해결하는 육아 팁인 셈이지요.

어떤 불안이나 의문, 고민에도 반드시 원인이 있습니다. 특히 아이에 관한 고민은 주로 어른의 입장에서 아이를 바라보기 때문에 생기는 경우가 많습니다. 그 원인이 무엇인지 냉정하게 생각해보고 이를 해결하기 위한 방법을 찾아보세요.

자신의 상황이 각자 다르니 모든 문제를 언급할 수는 없겠지만, 지금부터 시작될 Q&A들이 여러분이 해답을 찾는데 조금이나마 도움이 될 수 있었으면 좋겠습니다.

그럼 지금부터 고독력을 발휘하면서 함께 생각해 봅시다.

Q 집안일과 육아를 둘 다 잘하려고 하니 스트레스를 받습니다.
어떻게 하면 좋을까요?

A ● 이 분처럼 '나는 지금 스트레스를 받고 있다.'라고 인식하는 것이 중요합니다. 이렇게 인식하고 있으면 스트레스의 원인을 금방 파악할 수 있기 때문입니다. 지금도 집안일과 육아를 둘 다 충분히 잘하고 있는데 완벽하게 해야 한다는 강박 관념 때문에 불안한 것은 아닐까요? 전업주부인지 워킹맘인지 모르겠지만, 만약 워킹맘이라면 남편에게 육아와 가사 분담을 부탁해 보세요.

또 집안일을 할 때도 '오늘은 거실, 내일은 부엌' 이런 식으로 그날 그날 적당히 청소하고 끝낼 수 있도록 일을 세분화하여 집안일에 대한 합리화와 여유를 찾으세요.

무리해서 완벽한 엄마가 되려 노력한다면 그런 생각을 버리고 조금은 빈틈을 보여도 된다고 나를 다독여주세요. 아이를 훌륭하게 키우고 싶다면 이상적인 기준에서 조금 멀어지는 것이 좋습니다. 아이는 혼자 힘으로 충분히 잘 자라니까요.

그래도 스트레스에서 완전히 벗어날 수 없다면 역으로 적당한 스트레스는 일의 능률을 높일 수 있다고 생각해보세요. 실제로 일의 능률과 스트레스의 관계를 보면 스트레스의 정도를 '낮음-중간-높음'이라고 했을 때 중간 정도일 때가 일의 능률이 가장 좋다고 합니다. 약간의 스트레스는 가벼운 자극제가 되기도 하니 있는 그대로를 받아들이세요.

Q 아이가 제 말을 듣지 않으면 안절부절못하고 아이에게 화를 냅니다. 이런 제게 엄마 자격이 없는 걸까요?

A ● 자신의 감정이 억제되지 않아 아이에게 화풀이하듯 소리를 지른다면 이미 육아 스트레스가 상당히 쌓인 것입니다. 그런 스트레스는 혼자 끌어안고 고민하지 말고 누군가에게 상담하세요. 아이가 어릴 때는 집안에서 아이와 둘만 있을 때가 많아 더 많은 스트레스를 받을 수도 있습니다. 남편에게 아이를 맡기고 잠시 기분 전환 삼아 외출을 하거나 사람들을 만나는 것도 좋습니다.

'엄마 자격이 없는 것이 아닐까?' 하고 걱정하는 것은 '엄마라면 아이를 무조건 사랑해 주어야 한다.'라는 강박 관념이 머릿속에 박혀 있기 때문입니다. 그런 이상적인 모델을 머릿속에 담아두고 그 잣대에 미치지 못하는 자신을 탓하는 것입니다. 이런 불필요한 생각에서 빨리 벗어나야 합니다.

그리고 왜 아이를 상대로 안절부절못하고 화를 내는지, 혹시 아이의 행동이 엄마를 화나게 하는 건지, 아니면 엄마 스스로 너무 바쁘고 피곤해서 나도 모르게 되려 짜증을 내는 건지 그 원인을 냉정하게 생각해 보아야 합니다.

하지만 아이를 키우면서 정도의 차이는 있지만 안절부절못하는 행동은 좋지 않습니다. 앞서 말했듯 아이가 엄마의 감정을 모방하기 때문이지요. 아이의 행동을 어떻게 받아들여야 할지 모르겠다면 원래 아이는 엄마의 말을 듣지 않는다고 생각한 후, 엄마 스스로 자신의 긴장을 풀 방법을 찾아보세요.

만약 피곤해서 그런 것이라면 모든 일을 중단하고 몇 시간이라도 잠을 청해 보세요. 잠을 푹 자고 일어나면 신기하게도 초조한 기분이 가실 것입니다.

Q 걱정해서 하는 말이라는 것은 알지만, 주위 사람들이 이런저런 참견을 하면 듣기 싫습니다.

A ● 아이를 키우다 보면 시어머니를 비롯한 주위 사람들이 "추우니까 옷을 더 입혀라.", "너무 말라 보이는데 억지로라도 밥을 좀 더 먹여라." 등의 참견을 합니다. 하지만 더위를 타는 아이도 있고 추위를 타는 아이도 있습니다. 체격이 좋은 아이도 있고 그렇지 않

은 아이도 있지요. 모든 아이들은 제각기 성향이 다르므로 누구 말이 옳고 그른지, 말을 들어야 할지 깊게 고민하지 않아도 됩니다. 그 균형을 잡을 수 있는 사람은 오직 엄마뿐이니까요.

아이가 아픈 상태라면 이야기가 조금 달라지겠지만 건강하게 잘 자라고 있다면 아이나 여러분의 행동에 대한 주위의 말에 일일이 신경 쓸 필요는 없습니다. 그것도 과잉 커뮤니케이션의 일종이므로 주위의 말을 모두 귀담아듣지 말고, 엄마의 의견을 강하게 드러내세요.

친절도 반드시 고마운 것은 아닙니다. 과잉 친절도 때로는 부담스럽습니다. 그러니 쓸데없는 참견이라고 생각하고 한 귀로 흘려버리세요.

그렇다고는 해도 사람들을 대하는 방법을 금방 바꿀 수는 없지요. 서서히, 의식적으로 상대에게 맞춰주는 횟수를 줄입니다.

일단 주위의 충고에 우열을 가려봅니다. 자신이나 아이에게 중요한 말은 받아들이고, 나름대로 생각하여 별 필요 없다는 판단이 내려진다면 열 번 중 두세 번만 듣고 나머지는 한 귀로 흘려 버리세요.

만약 본인에게 조금 신경질적인 면이 있다면 완벽한 인간관계를 유지하려고 애쓰지 말고 적당한 것이 좋다고 생각하세요.

Q 친구나 주위 사람들이 아이에 관해 이야기할 때 아무렇지 않게 하는 말인데 저는 상당히 심각하게 받아들입니다.

A 자기 아이는 모든 사람의 사랑을 받아야 한다고 생각하는 것 같습니다. 사람들은 아무렇지 않게 아이를 화제 삼아 이야기합니다. 예를 들어 남들이 "아이가 짜증이 심하구나.", "이것 봐, 피부가 텄네.", "말이 좀 늦은가 봐?"라고 해도 대부분 심각한 문제 의식 없이 하는 말입니다.

부모는 자기 아이에 대해 '우리 아이는 이런 타입'이라는 자기 나름의 이미지를 지니고 있습니다. 그런데 다른 사람들은 부모가 생각하는 것과 다른 이미지로 아이를 보는 경우가 많습니다. 그러므로 자신이 갖고 있는 이미지와 다른 점을 이야기하면 틀렸다고 생각하지 말고 '그렇게도 볼 수 있겠구나.'하고 덤덤하게, 객관적으로 받아들이세요.

사람에게 갖는 감정은 크게 '좋다, 불쾌하다, 싫다' 이 세 가지로 나눌 수 있습니다. 여기서 중요한 점은 상대에게 싫은 감정을 갖지 말고 그냥 불쾌한 기분에 머무르도록 조절하는 것입니다. 이렇게 자신의 감정을 제어하면 아이에 대한 한마디에도 세세하게 신경 쓰지 않게 됩니다.

그러나 남들이 아무렇지 않게 한 말에 아이가 신경 쓰거나 상처 받은 듯한 모습을 보인다면 엄마가 잘 다독여 주세요. "엄마는 그렇게 생각하지 않아. 엄마는 항상 네 편이란다."라는 말을 아이에게 꼭 해 주세요.

Q 아이가 예쁘다는 생각이 안 들어요. 제가 나빠서 그럴까요?

A ● 우선 왜 아이를 예뻐하지 않는지 그 원인과 이유를 찾아보세요. 예를 들어 남편과의 관계가 심하게 좋지 않아 둘 사이에 생긴 아이에 대한 정까지 떨어진 것인지, 아이가 생기는 바람에 어쩔 수 없이 결혼해서 내 생활이 망가졌다고 여기는 건 아닌지 생각해 봅시다. 그럴 때는 파트너인 남편과 서로 진지하게 이야기하는 시간을 만들어야 합니다.

단순히 육아에 대한 스트레스라고 한다면 아이는 예쁠 때도 있고 미울 때도 있다는 점을 잊지 마세요. 물론 아이가 가끔 미운 행동을 할 때도 억지로 예쁘게 생각하려 노력할 필요는 없습니다. 미운 짓을 하면 미워하는 것이 솔직한 감정입니다. 그 기분을 억지로 참지 마세요. 하지만 아이의 행동을 미워하되 아이 자체를 싫어하면 안 됩니다. 앞에도 말했지만 불쾌하다는 감정의 단계에서 멈추세요. 부모가 아이를 싫어하면 이 세상에 아이의 편은 아무도 없습니다.

아무리 해도 아이가 예쁘다는 생각이 들지 않는 경우는 육아에 대해 부담을 많이 느끼기 때문입니다. '엄마니까 내가 없으면 안 된다'고 생각해서 무리하는 것보다 다른 누군가에게 아이를 맡겨 보는 것이 좋습니다.

Q 온종일 아이와 둘만 있어서 답답함을 느낍니다.

A ◦ 늘 아이와 둘이서 시간을 보내니 집 밖의 세상과 멀어지고 어른과의 커뮤니케이션이 줄어들어 답답함을 느끼고 우울해하는 것은 당연합니다. '아이가 없으면 밖에 나갈 수 있는데…….'라며 아이를 원망하고 평생 육아에 시달려야 하는 건 아닐까 불안해하는 경우도 있습니다. 하지만 엄마의 이런 마음은 아이에게 고스란히 전해져 큰 상처가 될 수도 있습니다. 이럴 때는 자신을 재충전하는 시간을 가져야 합니다.

재충전하는 데 유용한 방법은 기분 전환입니다. 혼자 만의 시간을 만들고 충분히 즐기는 것이지요. 앞에서 말씀드렸던 고독력을 키우는 방법들을 이용하는 것도 좋습니다.

또 가벼운 산책이라도 좋으니 아이와 함께 밖에 나가보세요. 이 정도로 해결되지 않을 답답함이라면 사회 활동에 목마른 상태일 수도 있으니 간단한 일을 찾아보아도 좋습니다.

육아가 평생 계속되는 것은 아닙니다. 아이들은 눈 깜짝할 새 어른이 되고, 나중에 돌이켜 보면 의외로 뿌듯한 시간이었다고 생각하게 될 것입니다.

Q. 출산을 계기로 일을 그만뒀습니다. 아이를 키우는 것을 싫어하지는 않지만, 사회에서의 위치가 사라지니 스스로 낙오자처럼 느껴집니다.

A ● 매일 아이만 키우면서 살면 집은 마치 육지에서 멀리 떨어진 외딴 섬처럼 느껴집니다. 특히 아이를 낳기 전에 직장에서 활발하게 일했던 사람이 육아 때문에 생활이 180도 바뀌었을 때는 더욱 그런 생각이 들 수밖에 없지요.

이럴 때에는 일단 육아는 한정된 기간일 뿐이라고 여기는 마음가짐이 중요합니다. 그런 다음, 육아도 아이와 좋은 관계를 형성하기 위한 사회적 행위라고 생각해봅니다. 집에만 있다고 해서 사회에서 멀리 떨어졌다고 생각하지 마세요.

그리고 일부러라도 다른 사람들과 교류하는 시간을 가져보세요. 육아에 너무 많은 시간을 할애하지 말고 때로는 미술전이나 강연회, 음악회 등 비슷한 성향을 지닌 사람들이 모이는 곳을 찾아다니며 자신의 내면을 살찌우고 육아와 나를 위한 시간 사이의 균형을 맞춥니다.

직장에서 일하는 것만이 활발한 사회활동은 아닙니다. 밤에 아이가 잠들고 난 후 공부를 해도 좋고, 아이를 잠시 다른 곳에 맡겨두고 하루 동안 자원봉사를 해도 좋습니다. 육아 이외의 일을 해보세요. 완벽하게 하려 하지 말고 남은 시간에 적당히 할 수 있는 일을 오랫동안 계속하는 것이 요령입니다.

아이를 키우면서 지금까지 알지 못했던 자신의 능력을 발견할 수도, 이를 통해 전보다 자신의 실력을 더 잘 발휘할 수 있는 일을 찾게 되는 경우도 있습니다. 지금은 훗날 다시 사회에 발을 내딛기 위한 준비 기간이며, 자기 자신을 재정립하는 시간이라고 생각하면 어떨까요?

Q 육아에 지쳐 여자로서의 의식이 희박해진 것 같습니다.
　　이래도 괜찮을까요?

A ● 이는 엄마 대부분이 느끼는 고민입니다. 젊은 엄마일수록 더욱더 그렇지요. 좋은 옷을 입고 있으면 아이에게 밥을 먹일 때도 옷이 더러워질까 신경 쓰이게 마련입니다. 그러다 보니 아무래도 평소에는 더러워져도 상관없는 옷을 입고 별로 치장도 하지 않지요. 당연히 화장도 하지 않고 머리도 부스스한 상태로 있기 마련입니다. 이런 내 모습과 한껏 멋부리고 당당하게 거리를 활보하는 또래 미혼 여성의 모습을 비교하며 우울해하기도 합니다. 하지만 그 모습은 육아를 위한 엄마의 노력을 엿볼 수 있게 해서 오히려 아름답게 느껴집니다.

　여자로서의 의식이 없는 것 같다고 했는데 그렇게 느끼는 동안에는 외모를 꾸미지 못해도 있는 그대로의 모습이 좋습니다. 아이가 태어나고 자라는 과정만큼이나 여자가 엄마로 거듭나는 모습 또한 아름답고 그 자체로도 놀라운 것입니다. 또 아이가 어느 정도 자라고 난 후 시간적 여유가 생겼을 때 충분히 여자로서의 나를 가꿀 수 있습니다. 지금은 요란하게 치장을 하지 않아도 육아에 힘쏟는 당신의 내면에서 서서히 뿜어져 나오는 아름다움이 다른 사람들에게도 전해집니다. 아이를 안고 있는 엄마의 표정은 그 어떤 화려한 옷과 장신구, 화장품으로도 꾸며낼 수 없는 멋진 여성의 모습입니다.

하지만 때로는 엄마가 아닌 나를 스스로 찾아보려는 노력이 필요합니다. 항상 아이에게만 신경 쓰지 말고 때로는 부모의 역할에서 벗어나 보세요. 누군가에게 아이를 맡기고 화장을 하고 예쁜 옷을 입고 맛있는 음식을 먹으러 가거나 영화를 보러 가세요. 미용실에 가서 헤어 스타일에 변화를 주는 것도 추천합니다.

또 즐겁게 할 수 있는 혼자만의 취미를 갖도록 노력하세요. 그렇게 하면 겉모습을 꾸미지 않아도 엄마로서의 나와 여자로서의 내가 동시에 충족될 것입니다.

Q 남편이 육아에 통 관심이 없고, 육아의 고통을 알아주지도 않습니다.

A ● 남편이 육아에 관여하지 않으려 할 때 우선 남편에게 정말 시간이 없는지 아니면 육아에 대한 의식이 없는지 생각해야 합니다. 남편이 매일 야근에 쫓겨 집에도 늦게 오고 항상 피곤해한다면 육아에까지 관심을 쏟아달라고 요구하는 것은 무리입니다. 오히려

조금이라도 도와줄 때 큰 고마움을 표시하는 것이 좋지요. 하지만 육아를 부담스러워 하고 육아에 대한 의식이 없어 시간이 없다는 변명을 하는 남편이라면 차분하게 대화를 해야 합니다.

아이가 이제 막 태어나 엄마가 전쟁 같은 육아에 본격적으로 돌입했더라도 아빠는 무엇을 해야 할지 미처 생각하지 못해 당황했을 수도 있습니다. 아이에게 말을 걸게 한다거나 기저귀 갈아주는 방법을 알려주는 등 아빠가 쉽게 할 수 있는 일부터 시작해 차근차근 가르쳐주세요. 또 아빠의 역할이 무엇인지에 대한 이야기를 나누면 아빠도 스스로 책임감과 의무감을 느끼게 될 것입니다.

우리가 함께 낳은 아이니 아빠도 육아에 책임이 있다고 위압적인 태도로 말하면 오히려 남편도 완고해집니다. 기분 좋게 육아에 참여할 수 있도록 애교 섞인 말투로 부탁하고, 고맙다는 마음을 표현하거나 "당신은 참 좋은 아빠야. 우리 아이는 당신 같은 아빠가 있어 정말 행복할 거야."라고 칭찬의 말을 해보세요.

가끔은 휴일에 아이를 남편에게 맡기고 외출하세요. 남편이 아이를 서툴게 다루더라도 믿고 맡겨야 합니다. 남편이 협조하지 않으면 반드시 외출해야 하는 용건을 만들어도 좋습니다. 학부모 모임은 남편에게 아이를 맡길 좋은 기회가 되겠지요.

또 한 가지 주의해야 할 점은 오로지 아이에게만 신경 쓰느라 남편에게 소홀히 하지 않도록 해야 한다는 것입니다. 가끔은 남편이 좋아하는 반찬도 만드는 등 기분을 잘 맞춰서 육아에 협력하도록 유도하는 것이 아내의 수완입니다.

Q 육아에 대해 서로 이야기할 친구가 없습니다. 어떻게 하면 좋을까요?

A ● 결혼 때문에 살던 동네에서 멀리 떨어진 곳으로 이사를 하거나 친정 가까이에 사는 학창시절 친구와 만날 수 없는 등 여러 가지 문제가 생길 수 있습니다. 아니면 친한 친구에게 아이가 없어서 육아 문제를 상담하지 못하는 경우도 있겠지요. 하지만 친구가 없다고 고민하지 말고 스스로 마음을 열어보세요. 당신의 고민과 현재 상황을 믿을 수 있는 사람에게 이야기해보면 어떨까요? 당신의 이야기에 귀 기울여 줄 사람이 분명히 있을 것입니다.

  친구가 없는 자신을 탓하지 마세요. 친구가 없는 것은 자신의 능력이나 성격과 무관합니다. 오히려 주변 환경이 그렇게 만드는 것이지요. 친구가 없다고 이사를 할 수는 없겠지만 주로 가는 놀이터를 바꾸거나 아이를 키우는 엄마들 모임에 참가하는 등 환경을 바꾸는 것은 충분히 가능합니다.

그래도 금방 마음이 맞는 모임을 찾고 함께 어울리기는 어렵습니다. 그러므로 당분간은 옛 친구들과 전화나 문자를 주고받고 때로는 멀리 사는 친구와 만날 기회를 만들어 일단 스트레스를 풉니다. 동시에 초조해하지 말고 근처에 사는 친구들을 서서히 만들어갑니다.

이 점만은 꼭 염두에 두세요. 친구가 없다고 하더라도 뭔가 잘못됐거나 나쁜 것은 아닙니다.

Q 근처에 사는 엄마들의 모임에 나가기 귀찮은데 어떻게 하면 좋을까요?

A ● 아이를 유치원에 보내고 나서 엄마들끼리 노래방에 가자는 권유를 받거나 몇 명의 엄마들이 "오늘 ○○네 집에 놀러 갈까?"라고 하면 거절하기 어렵습니다. 하지만 이럴 때야말로 고독력이 필요합니다.

만나고 싶지 않으면 그만두는 것이 가장 좋습니다. 무리해서 사귀지 마세요. 만약 인간관계가 나쁘다는 평가를 전해 들어도 신경 쓰지 마십시오. 불이익을 받는 일이 없도록 친구와 타인의 중간 정도로만 사귀면 됩니다.

근처에 사는 엄마들과 평소 어느 정도의 관계를 유지하지 않으면 급한 도움이 필요할 때 부탁하기가 어려워 곤란해질 수 있습니다. 하지만 일일이 전부 상대하려고 하지 말고 서서히, 자신이 감당할 수 있을 만큼 횟수를 줄여 가면 됩니다.

인간관계에도 너무 얽매이지 말고 적당한 만남으로도 충분하다고 생각하며 거리를 두도록 하세요.

Q 근처에 자기중심적인 엄마와 아이가 사는데 그들과 어울리고 싶지 않아요.

A ● 만나기 싫으면 무리하지 말고 거리를 둡니다. 적어도 엄마들끼리는 거리를 둘 수 있지 않을까요? 하지만 아이가 그 집 아이와 놀고 싶어 한다면 만나지 않을 수 없습니다. 엄마가 나쁘게 생각하더라도 아이는 그 집 아이를 좋아하고 있을 수도 있습니다. 이럴 때 아이에게 그 집 아이를 어떻게 생각하는지 물어보고 나서 대응해도 됩니다.

아이끼리 놀 때는 될 수 있으면 자기중심적인 아이와 둘만 놀게 하지 마세요. 단둘이 있다 보면 그 아이에게 휘둘리기 때문입니다. 적어도 서너 명 정도 있는 집단에서 놀게 하면 자기중심적인 아이와의 관계가 완화됩니다.

아이가 놀고 싶어 하지 않는데 그 아이가 놀자고 할 때는 "○○야, 미안해. 오늘은 못 놀겠네."라며 엄마가 막아주세요. 이렇게 몇 번 반복하면 그 아이도 계속 조르지 않습니다. 또 상황에 대처하지 못해 당황했던 아이도 금방 평정을 되찾게 됩니다.

어쨌든 중요한 것은 엄마가 독단적으로 아이의 친구를 판단하고 결정을 내리면 안 된다는 점입니다. 그러면 아이에게 고독력이 생기지 않습니다.

또 상대 아이가 자기중심적이라고 해도 가능하면 같이 놀도록 하는 자세도 중요합니다. 이이 친구의 이기적인 행동이 도가 지나칠 때에는 자기 아이가 아니어도 주의를 줘야 합니다. 아이의 인성은 주위 어른이 모두 지켜보면서 함께 기르는 것입니다.

Q 주위 사람들의 눈이 무서워서 밖에 나가고 싶지 않습니다.

A ● 남에게 익지로 맞추고 자신의 의견도 말하지 않고 반론도 하지 못하면 점점 밖에 나가기가 싫어집니다. 다른 엄마들이 간섭하거나 탐색하는 것을 싫어하는 사람도 있지요. 심해지면 지금까지

사이가 좋았던 친구조차 만나지 못하기도 합니다.

만나고 싶지 않은 사람은 만나지 않는 것이 좋습니다. 그러나 단순히 주위 사람들의 눈이 신경 쓰이는 정도를 넘어선다면 신경내과에서 치료를 받는 것이 좋습니다. 예를 들어 공황 장애와 같은 질병일지도 모르니 빨리 전문가와 상담해야 합니다. 혼자서만 해결하려고 애쓰지 말고 의사나 카운슬러의 힘을 빌리세요. 또는 친한 친구에게 상담하는 것도 좋습니다. 중요한 것은 절대 혼자만의 세계에 갇히지 말아야 한다는 것입니다.

그런 것이 아니라 단순히 내성적인 성격이어서 집에서 책 읽는 것을 좋아하는 경우에는 일부러 밖에 나갈 필요는 없습니다. 하지만 이런 경우에도 다른 사람의 시선을 무서워하는 감정이 줄어들었으면 좋겠네요. 남들의 기대에 부응하려고 하는데 생각만큼 잘 되지 않는 자신이 싫어서 밖에 나가지 못하는 경우가 많습니다. 그럴 때는 항상 완벽한 모습만 보여주려고 하지 말고 적당한 역할을 하면 됩니다.

사실 그렇게 걱정하는 만큼 사람들은 다른 사람을 주시하고 관찰하지 않습니다. 남들이 어떻게 생각하든 신경쓰지 말고 당당하게 행동하세요.

Q 잡지나 텔레비전의 육아 정보를 보면 내가 잘못된 것은 아닌가 하고 불안해집니다.

A 육아 책에 '만 한 살 이상의 아이에게 공갈 젖꼭지를 물게 하는 것은 치열 형성에 좋지 않으므로 삼가야 한다.'고 쓰여 있어서 그 말에 따른 엄마가 있었습니다. 하지만 그 결과, 아이가 심한 불안 증세를 보여서 결국 도중에 포기하고 친정엄마에게 의견을 물어보았습니다. 그러자 친정 엄마는 이렇게 대답했습니다. "그냥 내버려둬라. 크면 알아서 다 떼게 돼 있어. 초등학교에 들어가서도 공갈 젖꼭지를 물고 다니는 애는 아무도 없잖니?"

특히 아이의 발달 상황을 심각하게 받아들이는 엄마들이 많은데, 이 또한 괜한 걱정입니다. 아이가 몸을 뒤집고 앉고 기고 서고 걷는 과정은 제각기 속도가 다를 수밖에 없습니다. 되려 이제 막 서는 아이를 걷게 하겠다고 자극을 주면 오히려 몸에 무리가 올 수도 있습니다. 병원 정기검진 결과에 이상이 없다면 걱정 말고 아이가 스스로 자랄 때까지 기다려 주세요.

또 될 수 있으면 잡지나 텔레비전의 정보를 차단하고 보지 않도록 합니다. 육아에 불안을 느끼면 잡지를 뒤적이는 대신 육아 경험자나 의사에게 편하게 상담하는 것이 좋습니다.

불안하다고 느끼는 점을 믿을 수 있는 사람에게 상담하고 자신의 방법을 확인해 보세요. 그리고 가능한 한 자신의 방법으로 아이를 키웁니다. 잘되지 않으면 그 단계에서 정보를 확인하면 됩니다. 하지만 그것도 너무 많이 보지 마세요.

문제는 불안의 원인이 정보에 있지 않고 자신 안에 있을지도 모른다는 사실입니다. 육아의 이상적인 모델을 만들어 두고 거기에 정보가 더해져서 그것과 비교하고 지금의 자신이 이상 모델의 레벨보다 낮다는 사실에 불안해하는 것입니다.

그러므로 육아의 이상 모델에 맞추려고 하지 말고 정보는 적당하게 취하는 것이 좋습니다. 육아에 정답은 없습니다. 자신이 가장 공감하고 지금 환경에서 실현 가능한 정보를 받아들이세요.

Q 조기 교육에 관한 다양한 광고가 매일 오는데, 정말 아이에게 조기 교육이 필요할까요?

A ● 조기 교육이 필요하냐는 질문을 받으면 저는 필요하지 않다고 답합니다. 그러나 꼭 시켜야겠다면 적어도 부모의 형편에 맞게 시켜야 한다고 생각합니다.

아이가 즐겁게 공부할 수 있고 꼭 하고 싶어 한다면 시켜 보세요. 싫어할 것 같으면 아예 시작하지 않습니다. 이것이 조기 교육의 절대 조건입니다.

만 한 살인 아이에게 수영을 가르칠까 고민하고 있다면 그런 고민을 할 시간에 자신이 좋아하는 취미 생활을 하거나 남편을 위해 시간을 보내는 것이 낫습니다.

그래도 꼭 시켜야 할 경우에는 아이가 싫어할 때 그만두게 하겠다고 다짐해야 합니다. 될 수 있으면 아이가 싫어하기 전에 그만두게 하세요. 부모의 욕심으로 시작한 조기 교육은 피아노 학원에 가서 피아노가 싫어지고, 스포츠 교실에 가서 운동을 싫어하게 되고, 영어 교실에서 영어를 싫어하는 상황으로 이어질 수 있습니다. 이런 역효과는 피해야겠지요.

Q 우리 아이와 다른 아이를 자꾸 비교하게 됩니다.

A ● 자본주의 사회는 사람과 사람을 비교를 하게끔 부추기고 있습니다. 다른 아이와 우리 아이를 비교하게 되는 기분은 충분히 이해가 갑니다. 그러나 뭐든지 비교하려고 하지 말고 좋은 쪽으로 비교하세요.

사람은 누구나 잘하는 것과 못하는 것이 있습니다. 잘하는 것에서 뛰어나면 못하는 것에서는 다소 뒤떨어져도 된다는 점을 아이에게 가르쳐 주세요. 즉, 부모는 아이가 잘하는 것을 무엇이든 발견하려 노력해야 합니다.

아이가 실수하더라도 보듬어주세요. 예를 들어 "○○는 수학 점수가 100점이라던데 같은 학원에 다니면서 너는 왜 이렇게 못하니?"라고 말하면 아이는 점점 '난 수학을 못 해.'라고 생각하고 풀 수 있는 문제도 풀지 못하게 됩니다.

괜히 비교해서 자신감을 잃게 하지 말고 좋은 점을 평가하여 아이로 하여금 자신감을 갖게 해야 합니다. 자신감을 키우기 위해 장점을 발견하는 것입니다. 아이가 잘하든 못하든 거기에 기분이 좌지우지 되지 않도록 주의하세요.

Q 아이는 내가 이루지 못했던 꿈을 이루었으면 좋겠어요.

A ● 아이는 항상 부모의 기대에 부응하기 위해 노력하기 때문에 그 자신도 엄마의 그런 마음을 파악하고 '○○고등학교, ○○대학교에 합격해야 한다.', '미래에 의사나 변호사가 되어야 한다.'고 생

각할 수 있습니다. 하지만 부모에게 이끌려 뭔가가 되려 하면 아이는 자신의 삶에 대한 혼란함이나 비굴함을 느끼고 성인이 되었을 때 어떤 형태로든 비뚤어집니다. 게다가 아이 스스로 그런 꿈을 갖고 있는 것이 아니면 충분한 능력을 발휘할 수 없습니다.

자신이 하지 못했던 일을 아이에게 시키는 부모의 마음은 잘 압니다. 누구나 아이에게 그런 기대를 하고 있겠지요. 그러나 그런 생각이 결국 아이를 망친다는 사실을 알고도 이런 행동을 계속할 수 있을까요? '다 너 잘되라고 그러는 거야.'라고 말하며 아이를 자신이 원하는 방향으로 몰아가고 기대하는 것은 아이에게 너무 큰 부담을 줍니다.

부모의 기대에 부응할 수 있는 능력이 있는 아이라면 괜찮습니다. 하지만 운동을 못하는 아이에게 운동을 시키면 어느 정도의 수준까지만 다다를 뿐, 이를 넘어서지 못합니다. 아이는 부모의 기대에 부응하기 위해 노력하지만 자기 능력과의 차이로 괴로워하다가 결국 운동을 싫어하게 됩니다.

또 이른바 '착한 아이'는 피곤해집니다. 부모의 기대와 요구에 따르려고 열심히 노력하다 어른이 되어 자신이 하고 싶은 일을 하지 못했다고 후회하는 경우도 있습니다. 자신의 인생을 선택할 기회조차 주지 않았다며 원망할 수도 있겠지요.

만약 아이에게 어떤 일을 시킬 생각이라면 아이가 싫어하지 않을 정도로만 하고, 아이가 고독력을 갖추고 스스로 할 수 있게 되었을 때 아이에게 맡기세요.

Q 아이에게 친구가 없는 것 같아 불안합니다.

A ● 보통 만 세 살까지의 아이는 혼자 놉니다. 아이는 환경에 따라 바뀌므로 항상 부모와 같이 있던 아이가 유치원에 가서 바로 친구를 사귀는 일은 거의 없습니다. 아이도 적당한 시기를 살펴 아이 나름의 방법으로 친구들과의 거리를 좁혀나갑니다.

우선 아이가 친구들과 함께 놀고 싶은데 잘되지 않는 것인지, 혼자 노는 것을 좋아하는지 파악해야 합니다. 친구들과 어울리지 못할 경우에는 어떤 이유 때문인지 관찰해봅니다. 아이가 내성적이거나 운동 능력이 부족해서 함께 어울리지 못하더라도 그건 아이에게 문제가 있는 것이 아니라 어쩔 수 없는 것입니다.

특별한 이유 없이 일상적으로 친구가 없는 경우에는 아이가 친구들과 노는 것보다 혼자 노는 것을 좋아하는 타입일지도 모릅니다. 부모가 억지로 친구들과 놀게 하거나 부모가 놀이 상대가 되어줄 필요는 없습니다.

만약 친구가 한 명도 없다면 유치원이나 학교 선생님과 상담하여 도와달라고 하세요. 친구 사귀는 일에 조급해하거나 초조해할 필요는 없습니다. 친구를 천천히 사귀는 아이도 있습니다. 부모가 불안해하는 모습을 보이면 아이도 영향을 받습니다. 우선 부모부터 고독력을 가지면 아이에게도 고독력이 생깁니다.

Q. 형제 중에 유독 더 다루기 어려운 아이가 있습니다.

A ● 왜 다루기 어렵다고 느끼는지 원인을 냉정하게 생각해 보세요. 엄마와 닮지 않아서인가요? 아니면 자신이 원하는 대로 아이가 따르지 않아서인가요? 화려한 아이로 키우고 싶다든가 운동을 좋아하는 아이로 키우고 싶다는 틀에 박힌 생각은 버리고 아이를 있는 그대로 보세요. 그 아이의 성향을 파악한 후에 장점을 키워 주면 됩니다. 부모가 바라는 대로 아이가 자란다고 생각하지 말고, 천천히 아이의 장점을 발견해 주세요.

형제가 있는 경우, 부모는 무의식적으로 비교하여 더 많이 돌봐 주어야 하는 아이를 뒤떨어진다고 생각할 수 있습니다. 또는 아이의 친구와 비교하여 우리 아이는 손이 많이 간다고 생각하기도 하지요. 이럴 때는 비교하지 말고 이 아이는 이 아이만의 장점이 있다고 생각하세요.

  아침부터 밤까지 아이와 함께 있다가도 특히 바쁠 때 아이가 울고 보채면 아이에게 충분히 신경 쓰지 않는 것에 스스로 죄책감을 느끼게 되는데, 이런 경우 오히려 내가 아이를 싫어하는 건 아닐까 생각할 수도 있습니다. 이런 생각으로 아이를 대하고 있다면 기분 전환이 필요할 때입니다. 목욕을 하거나 혼자 있는 시간을 만들어 자기 자신을 재충전한 다음 아이를 대해보세요.

맺음말

2002년의 월드컵 기간에 있었던 일입니다. 저는 하라주쿠(도쿄의 대표적인 번화가 중 한 곳으로, '젊은이의 거리', '패션의 1번지'로 불린다.)의 다케시타도리(하라주쿠의 중심가)와 메이지도리가 만나는 지점에서 왼쪽으로 꺾어진 곳 지하에 있는 터키식 레스토랑에서 편집자 두 명과 식사를 했습니다.

혼잡한 길거리와 젊은이들의 문화에서 벗어나고 싶어 지하에 내려갔다가 본 것이 터키 레스토랑이었는데, 마침 일본 대 터키전이 다가오기도 해서 그 가게에 들어갔던 것이지요.

일에 관한 이야기는 눙낭 집어두고 세 명 모두 터키의 독한 술에 얼큰하게 취해 모두 잘 알지도 못하는 축구 이야기까지 하며 유쾌한 시간을 보냈습니다.

중년 남성 셋이 모이면 당연한 듯 이어진다는 다케시타도리의 젊은이들에 대한 비판도 오가게 되었습니다. 월드컵 열기에 갑자기 축구 팬이 되었다는 점에서 우리도 그들과 다를 바 없었는데도 말이지요.

전 그때 아무렇지 않게 "요즘 아이들은 고독력이 없어."라고 했는데 순간 이나바 시게가쓰 씨가 제 말에 반응했습니다.

"그게 무슨 말이야?"

취한 그가 순간 정색하고 물었습니다.

"요즘 사람들은 커뮤니케이션을 너무 많이 하다 보니까 고독력이 없는 사람이 많다고."라며 이런저런 이야기를 시작했습니다.

"이거 좋은데? 책으로 한번 내 보자!"

이 책은 이렇게 기획되었습니다.

이나바 씨는 아동서의 편집자이며 직접 아동서를 집필하기도 했습니다. 그도 과잉 커뮤니케이션 사회의 아이들과 부모에 관해 생각했던 경험이 있어, 이 기획을 실현하는 데 적극적으로 참여하며 많은 도움을 주었습니다.

그 후 이나바 씨와 편집 방침부터 내용에 이르기까지 모든 것을 상담하고, 그의 친구인 편집자 몇 명과 산에서 합숙까지 하며 내용을 검토하고 이 책을 만들었습니다.

그런 의미에서 이 책은 저 혼자만의 것이 아니라 편집자 너댓 명의 생각이 모여 엮인 책이라고 할 수 있습니다. 그 중에는 유명한 정보 잡지와 육아 잡지의 편집자였던 사람도 있었습니다. 모두 과잉 커뮤니케이션에서 벗어난 사회를 바라며 그런 생각을 어떻게 전달하면 좋을지 아이디어를 짜냈지요. 각자의 방법으로, 또 각각의 매체로 가능한 일을 조금씩 시도했습니다.

그리고 제 한마디를 빠르게 잡아낸 이나바 씨의 노력으로 이 책의 기획이 모이게 되었습니다.

이 책이 탄생할 수 있었던 것은 모두 이나바 씨 덕분입니다. 이 장을 빌어 감사의 말을 전합니다. 또 그 외의 편집자 모두의 지도에 감사의 인사를 드립니다.

고독한 엄마가 아이를 잘 키운다

초판 1쇄 인쇄 2012년 12월 6일
초판 1쇄 발행 2012년 12월 14일

지은이 다케나가 노부유키
펴낸이 김선식

Chief editing creator 이선아
Editing creator 전소현
Design creator 이나정

3rd Creative Story Dept. 이선아 정지영 홍다휘 이나정 박고운 전소현
Creative Marketing Dept. 이주화 원종필 백미숙
      Online Team 김선준 박혜원 전아름
      Public Relation Team 서선행
      Contents Rights Team 김미영
Creative Management Dept. 김성자 송현주 권송이 윤이경 김민아 한선미

펴낸곳 (주)다산북스
주소 경기도 파주시 회동길 37-14 3,4층
전화 02-702-1724(기획편집) 02-6217-1726(마케팅) 02-704-1724(경영지원)
팩스 02-703-2219
이메일 dasanbooks@hanmail.net
홈페이지 www.dasanbooks.com
출판등록 2005년 12월 23일 제313-2005-00277호

종이 (주)월드페이퍼
인쇄 스크린그래픽센타
제본 (주)현문

ISBN 978-89-6370-291-9 (13370)

- 책값은 뒤표지에 있습니다.
- 파본은 구입하신 서점에서 교환해드립니다.
- 이 책은 저작권법에 의하여 보호를 받는 저작물이므로 무단 전재와 복제를 금합니다.